Managementwissen für Studium und Praxis

Herausgegeben von
Professor Dr. Dietmar Dorn und
Professor Dr. Rainer Fischbach

Bisher erschienene Werke:

Arrenberg · Kiy · Knobloch · Lange, Vorkurs in Mathematik, 2. Auflage

Baršauskas · Schafir, Internationales Management

Barth · Barth, Controlling

Behrens · Kirspel, Grundlagen der Volkswirtschaftslehre, 3. Auflage

Behrens · Hilligweg · Kirspel, Übungsbuch zur Volkswirtschaftslehre

Behrens, Makroökonomie – Wirtschaftspolitik, 2. Auflage

Bichler · Dörr, Personalwirtschaft – Einführung mit Beispielen aus SAP® R/3® HR®

Blum, Grundzüge anwendungsorientierter Organisationslehre

Bontrup, Volkswirtschaftslehre, 2. Auflage

Bontrup, Lohn und Gewinn

Bontrup · Pulte, Handbuch Ausbildung

Bradtke, Mathematische Grundlagen für Ökonomen, 2. Auflage

Bradtke, Übungen und Klausuren in Mathematik für Ökonomen

Bradtke, Statistische Grundlagen für Ökonomen, 2. Auflage

Bradtke, Grundlagen im Operations Research für Ökonomen

Breitschuh, Versandhandelsmarketing

Busse, Betriebliche Finanzwirtschaft, 5. A.

Camphausen, Strategisches Management

Clausius, Betriebswirtschaftslehre I

Clausius, Betriebswirtschaftslehre II

Dinauer, Allfinanz – Grundzüge des Finanzdienstleistungsmarkts

Dorn · Fischbach, Volkswirtschaftslehre II, 4. Auflage

Dorsch, Abenteuer Wirtschaft ·75 Fallstudien mit Lösungen

Drees-Behrens · Kirspel · Schmidt · Schwanke, Aufgaben und Lösungen zur Finanzmathematik, Investition und Finanzierung

Drees-Behrens · Schmidt, Aufgaben und Fälle zur Kostenrechnung, 2. Auflage

Ellinghaus, Werbewirkung und Markterfolg

Fank, Informationsmanagement, 2. Auflage

Fank · Schildhauer · Klotz, Informationsmanagement: Umfeld – Fallbeispiele

Fiedler, Einführung in das Controlling, 2. Auflage

Fischbach · Wollenberg, Volkswirtschaftslehre I, 12. Auflage

Fischer, Vom Wissenschaftler zum Unternehmer

Frodl, Dienstleistungslogistik

Götze, Techniken des Business-Forecasting

Götze, Mathematik für Wirtschaftsinformatiker

Götze · Deutschmann · Link, Statistik

Götze · van den Berg, Techniken des Business Mapping

Gohout, Operations Research, 2. Auflage

Haas, Kosten, Investition, Finanzierung – Planung und Kontrolle, 3. Auflage

Haas, Marketing mit EXCEL, 2. Auflage

Haas, Access und Excel im Betrieb

Hans, Grundlagen der Kostenrechnung

Hardt, Kostenmanagement, 2. Auflage

Heine · Herr, Volkswirtschaftslehre, 3. Aufl.

Hildebrand · Rebstock, Betriebswirtschaftliche Einführung in SAP® R/3®

Hofmann, Globale Informationswirtschaft

Hoppen, Vertriebsmanagement

Koch, Marketing

Koch, Marktforschung, 4. Auflage

Koch, Betriebswirtschaftliches Kosten- und Leistungscontrolling in Krankenhaus und Pflege, 2. Auflage

Krech, Grundriß der strategischen Unternehmensplanung

Kreis, Betriebswirtschaftslehre, Band I, 5. Auflage

Kreis, Betriebswirtschaftslehre, Band II, 5. Auflage

Kreis, Betriebswirtschaftslehre, Band III, 5. Auflage

Laser, Basiswissen Volkswirtschaftslehre

Lebefromm, Controlling – Einführung mit Beispielen aus SAP® R/3®, 2. Auflage

Lebefromm, Produktionsmanagement, 5. Auflage

Martens, Betriebswirtschaftslehre mit Excel

Martens, Statistische Datenanalyse mit SPSS für Windows, 2. Auflage

Martin · Bär, Grundzüge des Risikomanagements nach KonTraG

Mensch, Investition

Mensch, Finanz-Controlling

Mensch, Kosten-Controlling

Müller, Internationales Rechnungswesen

Olivier, Windows-C – Betriebswirtschaftliche Programmierung für Windows

Peto, Einführung in das volkswirtschaftliche Rechnungswesen, 5. Auflage

Peto, Grundlagen der Makroökonomik, 12. Auflage

Peto, Geldtheorie und Geldpolitik, 2. Auflage

Piontek, Controlling, 3. Auflage

Piontek, Beschaffungscontrolling, 3. Aufl.

Piontek, Global Sourcing

Plümer, Logistik und Produktion

Posluschny, Controlling für das Handwerk

Posluschny, Kostenrechnung für die Gastronomie, 2. Auflage

Posluschny · von Schorlemer, Erfolgreiche Existenzgründungen in der Praxis

Rau, Planung, Statistik und Entscheidung – Betriebswirtschaftliche Instrumente für die Kommunalverwaltung

Reiter · Matthäus, Marktforschung und Datenanalyse mit EXCEL, 2. Auflage

Reiter · Matthäus, Marketing-Management mit EXCEL

Reiter, Übungsbuch: Marketing-Management mit EXCEL

Rothlauf, Total Quality Management in Theorie und Praxis, 2. Auflage

Rudolph, Tourismus-Betriebswirtschaftslehre, 2. Auflage

Rüth, Kostenrechnung, Band I

Sauerbier, Statistik für Wirtschaftswissenschaftler, 2. Auflage

Schaal, Geldtheorie und Geldpolitik, 4. Auflage

Scharnbacher · Kiefer, Kundenzufriedenheit, 3. Auflage

Schuchmann · Sanns, Datenmanagement mit MS ACCESS

Schuster, Kommunale Kosten- und Leistungsrechnung, 2. Auflage

Schuster, Doppelte Buchführung für Städte, Kreise und Gemeinden

Specht · Schmitt, Betriebswirtschaft für Ingenieure und Informatiker, 5. Auflage

Stahl, Internationaler Einsatz von Führungskräften

Steger, Kosten- und Leistungsrechnung, 3. Auflage

Stender-Monhemius, Marketing – Grundlagen mit Fallstudien

Stock, Informationswirtschaft

Strunz · Dorsch, Management

Strunz · Dorsch, Internationale Märkte

Weeber, Internationale Wirtschaft

Weindl · Woyke, Europäische Union, 4. Aufl.

Wilde, Plan- und Prozesskostenrechnung

Wilhelm, Prozessorganisation

Wörner, Handels- und Steuerbilanz nach neuem Recht, 8. Auflage

Zwerenz, Statistik, 2. Auflage

Zwerenz, Statistik verstehen mit Excel – Buch mit CD-ROM

Übungsbuch zur Volkswirtschaftslehre

Von
Prof. Dr. Christian-Uwe Behrens
Prof. Dr. Gerd Hilligweg
und
Prof. Dr. Matthias Kirspel

R. Oldenbourg Verlag München Wien

Bibliografische Information Der Deutschen Bibliothek

Die Deutsche Bibliothek verzeichnet diese Publikation in der Deutschen
Nationalbibliografie; detaillierte bibliografische Daten sind im Internet
über <http://dnb.ddb.de> abrufbar.

© 2005 Oldenbourg Wissenschaftsverlag GmbH
Rosenheimer Straße 145, D-81671 München
Telefon: (089) 45051-0
www.oldenbourg.de

Gedruckt auf säure- und chlorfreiem Papier
Gesamtherstellung: Druckhaus „Thomas Müntzer" GmbH, Bad Langensalza

ISBN 3-486-57778-6

Vorwort

Wissen, das nicht nur eine gewiss auch nützliche Übung des Intellekts sein, sondern in praktische Anwendung münden soll, muss verinnerlichtes Wissen sein, ein Wissen, das zur Fähigkeit geworden ist. Das erfordert von den Studierenden mehr, als nur Vorgetragenes oder Gelesenes einleuchtend gefunden zu haben. Es genügt auch nicht, sich das Gelernte gemerkt zu haben, so dass man in der Lage ist, es auf Verlangen mit mehr oder weniger Grübelei wiederzugeben, wie es in Quizsendungen dem Publikum vorgeführt wird. Vielmehr erfordert anwendungsorientiertes Wissen die Erlangung der Fähigkeit, aus dem Fundus erhaltener Informationen und, vor allem und wichtiger, gewonnener Erkenntnisse problemangemessen schöpfen zu können. Und problemangemessen heißt, auf die Probleme, die das Ausbildungswesen an einen Studierenden stellt und darüber hinaus an Problemen der praktischen Lebens- und Berufswelt ausgerichtet.

Ein anwendungsorientiertes Studium ist in diesem Sinne ein anspruchsvolleres Studium als ein lediglich theoretisches, denn zwar müssen die Studierenden auch hier zunächst einmal die Klausuren bestehen, aber auch noch die darüber hinausgehende Fähigkeit erwerben, das Gelernte zur Wirkung zu bringen. Beides erfordert viel Übung, denn nur durch Übung wird aus Angelerntem Wissen, aus Wissen Verständnis, aus Verständnis Urteilskraft, aus Urteilskraft Fähigkeit und aus Fähigkeit praktische Anwendung. Gelegenheit zu solcher Übung soll dieses Übungsbuch zur Volkswirtschaftslehre bieten. Wer sich vorlesungsbegleitend und – ergänzend den hier gesammelten Übungsaufgaben, die vornehmlich aus Klausuren stammen, stellt, der wird bald feststellen, wie er sicherer im Stoff wird, immer schneller zu den richtigen Lösungselementen greift und fehlerfreier ökonomische Probleme auch in anderen Zusammenhängen zu lösen beginnt.

Dazu ist allerdings eine gewisse Disziplin angebracht. Erstens ist es nötig, Übungen regelmäßig durchzuführen. Das gilt für die geistige Ertüchtigung ebenso wie für die körperliche, wo es den meisten Menschen selbstverständlich ist. Regelmäßige Übung in kleinen Einheiten trainiert, ohne die Übenden fachlich einseitig zu belasten. Die Regelmäßigkeit empfiehlt sich zudem als sinnvolle Anpassung der Übungen an den Vorlesungsstoff, was den Vorteil hat, stets im Stoff zu sein, wenn die Vorlesung fortgeführt wird, ihr damit besser folgen und das neu Hinzugelernte in den Gesamtstoff einfügen zu können. Zweitens ist es vorteilhaft, wenn man sich bei der Lösung der Übungsaufgaben zurückhält, gleich in den Lösungsteil zu schauen. Tut das nicht, Übende! Wenn überhaupt, schaut lieber noch einmal in den Vorlesungsmitschriften und in den vorlesungsbegleitenden Literaturstellen nach. In den Lösungsteil zu schauen, ist erst vernünftig, wenn die Überzeugung eingetreten ist, es richtig gemacht zu haben. Zweifel sollten vorher im Selbststudium oder, wenn möglich, in Arbeitsgruppen ausgeräumt werden. Dann erst ist die Selbstkontrolle durch den Lösungsteil sinnvoll. Warum diese Strenge mit sich selbst? Die Antwort ist leicht: Damit man sich nicht die Möglichkeit verbaut, das zu bekommen, was den Spaß des Lernens ausmacht, Erfolgserlebnisse. Und bei denjenigen, die richtig gelernt und das Gelernte ordentlich eingeübt haben, wird auch das weitere Berufsleben durch Erfolgserlebnisse und Freude an der Arbeit geprägt sein. Dies wünschen wir unseren Lesern.

Zu danken haben wir Herrn *Dipl.-Oec. Heinz Loll* für seine tatkräftige Hilfe bei der Fertigstellung dieses Übungsbuches.

Christian-Uwe Behrens, Gerd Hilligweg und Matthias Kirspel

Inhaltsverzeichnis

„Wir können niemals restlos verstehen. Aber wir
können unsere Durchdringung steigern."

Alfred North Whitehead (1861 – 1947)[1]

„Untersuchungen zeigen.., dass Ungeübte…beim
Lösen komplizierterer Probleme ihr Gehirn *mehr*
beanspruchen als Geübte…"

Gerhard Roth[2]

A. Aufgaben

I. GRUNDBEGRIFFE, WESEN UND AUFGABEN DER VOLKSWIRTSCHAFTSLEHRE (BEHRENS/KIRSPEL, S. 8 – 131)

Aufgabe I.1

Erläutern Sie die drei Betrachtungsweisen der Wirtschaftswissenschaft.

Aufgabe I.2

Beschreiben Sie die Begriffe

a) Ceteris paribus

b) Axiom

---

[1] A. N. Whitehead, Denkweisen, Frankfurt a. M. 2001, S. 91.

[2] G. Roth, Fühlen, Denken, Handeln, Wie das Gehirn unser Verhalten steuert, Frankfurt a. M. 2001, S. 178.

c) Ex–post-Betrachtung

d) Ex-ante-Betrachtung

e) Statische Analyse

f) Dynamische Analyse

Aufgabe I.3

Definieren Sie:

a) Bedürfnisse

b) Nutzen

c) Konsumgüter

d) Produktionsgüter

e) Verbrauchsgüter

f) Gebrauchsgüter

Aufgabe I.4

Stellen Sie die Bedürfnispyramide von Maslow dar. Schreiben Sie neben die Pyramide Beispiele!

Aufgabe I.5

Was unterscheidet im ökonomischen Sinne „Knappheit" von „Seltenheit"?

Aufgabe I.6

Ergänzen Sie die Begriffe in nachfolgendem Schaubild:

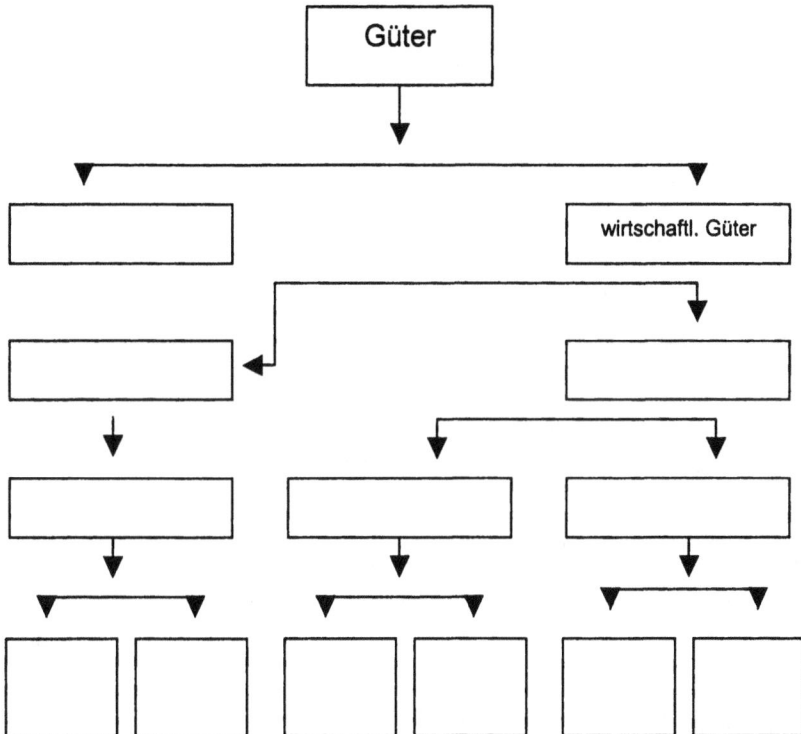

```
                        ┌──────────┐
                        │  Güter   │
                        └────┬─────┘
                             ▼
      ┌──────────────────────────────────────────────┐
      ▼                                                ▼
┌──────────────┐                          ┌──────────────────┐
│              │                          │ wirtschaftl. Güter│
└──────────────┘                          └────────┬─────────┘
                  ┌────────────────────────────┐   ▼
      ┌───────────┘                  ┌──────────────────┐
      ▼                              │                  │
┌──────────────┐◄────               └──────────────────┘
│              │              ┌──────────┴──────────┐
└──────┬───────┘              ▼                     ▼
       ▼                                              
┌────────┐   ┌──────────────┐   ┌──────────────┐
│        │   │              │   │              │
└───┬────┘   └──────┬───────┘   └──────┬───────┘
    ▼               ▼                  ▼
 ┌──┴──┐         ┌──┴──┐            ┌──┴──┐
 ▼     ▼         ▼     ▼            ▼     ▼
┌──┐ ┌──┐      ┌──┐ ┌──┐          ┌──┐ ┌──┐
│  │ │  │      │  │ │  │          │  │ │  │
└──┘ └──┘      └──┘ └──┘          └──┘ └──┘
```

Aufgabe I.7

a) Geben Sie einerseits den Unterschied zwischen "Preisen" und "Opportunitätskosten" und andererseits den zwischen "relativen Preisen" und "absoluten Preisen" an.

b) Geben Sie an, wie viel mehr relative Preise als absolute Preise es bei $n = 1000$ handelbaren Gütern gibt.

c) Begründen Sie die Richtigkeit des Satzes "Es gibt nichts umsonst."

Aufgabe I.8

Welchen ökonomischen Sachverhalt umschreibt die Aussage „Kapitalbildung bedeutet Konsumverzicht"?

Aufgabe I.9

Das ökonomische Prinzip fordert uns auf, bei dem Einsatz von knappen Mitteln für unsere Ziele Verschwendung zu vermeiden. Geben Sie an, welche Verschwendungsarten man unterscheidet und kennzeichnen Sie sie. Geben Sie auf dieser Grundlage an, warum die Forderung des ökonomischen Prinzips nicht besagt, man *solle* egoistische Ziele verfolgen.

Aufgabe I.10

Die Grundfrage der *Wirtschaftsordnungspolitik* lautet, wie eine Volkswirtschaft so geordnet werden kann, dass in ihr sowohl bezüglich der gesellschaftlichen Ziele als auch bezüglich der individuellen Ziele rational gewirtschaftet werden kann. Diese Frage beantworten heißt, wirtschaftlich zweckmäßige gesellschaftliche „Spielregeln" festzulegen, aus denen hervorgeht, wer welche Entscheidungsbefugnisse über knappe Mittel hat, an wessen Wünschen er sich ausrichten muss und wie die vielfältigen Entscheidungen koordiniert werden sollen.

a) Nennen Sie die *zwei grundlegenden Arten von Regeln*, durch die in Gesellschaften die obigen Fragen beantwortet werden, und geben Sie dazu jeweils ein aussagefähiges Beispiel an.

b) Geben Sie an, welche *vier Entscheidungs- und Koordinationsverfahren* sich – wenn auch in unterschiedlicher Mischung – in jeder Gesellschaft finden, und kennzeichnen Sie sie.

Aufgabe I.11

Das Ehepaar Herbert und Karla Klug betreiben einen Kunsthandwerksbetrieb in Oberbayern. Sie haben keine Mitarbeiter und verkaufen selbsterstellte Bauernschränke und Landschaftsbilder an einem im Ort gelegenen Einzelhändler. Beide Ehepartner sind in der Leistungserstellung tätig. Für die Erstellung der Produkte benötigen die Ehepartner folgende Arbeitszeiten:

	Arbeitszeit zur Erstellung eines Bauernschrankes (in Stunden)	Arbeitszeit zur Erstellung eines Landschaftsbildes (in Stunden)
Karla Klug	18	15
Herbert Klug	25	20

a) Im Liefervertrag mit dem Einzelhändler ist festgelegt, dass das Ehepaar Klug jährlich 100 Bauernschränke und Landschaftsbilder liefert. Die beiden wollen sich die Arbeit redlich teilen. Jeder soll in der Ausgangslage 50 Bauernschränke und 50 Landschaftsbilder fertigen.

- Wie hoch ist der Arbeitseinsatz der beiden in Stunden?
- Wie hoch ist die Arbeitszeit von Karla Klug zur Erstellung von 50 Bauernschränken?
- Wie hoch ist die Arbeitszeit von Karla Klug zur Erstellung von 50 Landschaftsbildern?
- Wie hoch ist die Gesamtarbeitszeit von Karla Klug?
- Wie hoch ist die Arbeitszeit von Herbert Klug zur Erstellung von 50 Bauernschränken?
- Wie hoch ist die Arbeitszeit von Herbert Klug zur Erstellung von 50 Landschaftsbildern?
- Wie hoch ist die Gesamtarbeitszeit von Herbert Klug?

b) Ist die unter **a)** gewählte Arbeitsteilung aus der Sicht von Karla Klug optimal, wenn ihr Ziel die Maximierung lediglich ihrer persönlichen Freizeit wäre? Welche Arbeitsteilung der Produktion würde das Ehepaar bei dieser Zielsetzung wählen, wenn die Gesamtmenge von 100 Bauernschränken und 100 Landschaftsbildern weiterhin erstellt werden müsse und der Partner Herbert Klug zeitlich nicht schlechter gestellt werden dürfe, d.h. seine Arbeitszeit insgesamt der unter Punkt **a)** entspricht?

6

Optimale Arbeits-teilung	Anzahl Bauernschränke pro Jahr	Anzahl Landschaftsbilder pro Jahr
Karla Klug erstellt		
Herbert Klug erstellt		

Wie hoch ist der Freizeitgewinn von Karla Klug?

c) Der abnehmende Einzelhändler des Ehepaars Klug steht einem hohen Nachfragedruck gegenüber. Er bietet dem Ehepaar Klug an jede zusätzliche Menge an Bauernschränken und Landschaftsbildern abzunehmen. Für einen Bauernschrank zahlt er 2000 Geldeinheiten und für ein Landschaftsbild 1500 Geldeinheiten. Weiterhin muss das Ehepaar Klug aber mindestens 100 Bauernschränke und 100 Landschaftsbilder je Monat abliefern. Welche optimalen Produktionsmengen und Produktionsaufteilungen wird das Ehepaar Klug wählen, wenn sowohl Herr und Frau Klug die unter Punkt **a)** sich ergebenden Gesamtarbeitszeiten pro Person einhalten wollen (keine Mehrarbeit gegenüber der Ausgangssituation)? Zielsetzung sei die Verkaufserlösmaximierung bei gegebener Arbeitszeit (nur ganzzahlige Mengen von Bauernschränken und Landschaftsbildern können abgeliefert werden).

Optimale Arbeits-teilung	Anzahl Bauernschränke pro Jahr	Anzahl Landschaftsbilder pro Jahr
Karla Klug erstellt		
Herbert Klug erstellt		

Aufgabe I.12

Herr *Hasenbein* und Herr *Sesselmann* wurden gemeinsam auf eine einsame Insel verschlagen. Herr *Hasenbein* ist ein relativ geschickter Jäger und Sammler. Für die Erbeutung eines Kilogramms Fleisch benötigt er im Mittel zwei Arbeitsstunden. Geht er Früchte sammeln, benötigt er für ein Kilogramm Früchte 1,5 Arbeitsstunden. Herr *Sesselmann* ist wesentlich ungeschickter. Zur Erbeutung eines Kilogramms Fleisch braucht er durchschnittlich vier Stunden. Sammelt er ein Kilogramm Früchte, muss er im Mittel zwei Stunden einsetzen.

Stellen Sie für die folgenden zwischen Herrn *Hasenbein* und Herrn *Sesselmann* annahmegemäß in den Fällen **a)** bis **c)** jeweils vereinbarten Tauschverhältnisse fest, ob es sich unter diesen Umständen für beide lohnt, zur Arbeitsteilung mit anschließendem Tausch überzugehen und wer von beiden, falls sich Arbeitsteilung und Tausch lohnen, Fleisch bzw. Früchte für den Tausch produziert. Geben Sie, wenn Arbeitsteilung und Tausch beidseitig lohnend zu Stande kommen, an, wie groß die Wohlstandsgewinne der beiden Tauschpartner, jeweils **gemessen in Arbeitsstunden,** sind, wenn genau die im Tauschverhältnis angegebenen Mengen produziert und getauscht werden.

Fall **a)**   Tauschverhältnis 1,5 kg Früchte gegen 1 kg Fleisch.

Arbeitsteilung und Tausch sind beidseitig lohnend:
Ja ☐   Nein ☐

Herr *Hasenbein* produziert: _____

Herr *Sesselmann* produziert: _____

Wohlstandsgewinn für Herrn *Hasenbein*: _____

Wohlstandsgewinn für Herrn *Sesselmann*: _____

Fall **b)**   Tauschverhältnis 1 kg Früchte gegen 1,5 kg Fleisch.

Arbeitsteilung und Tausch sind beidseitig lohnend:
Ja ☐   Nein ☐

Herr *Hasenbein* produziert: _____

Herr *Sesselmann* produziert: _____

Wohlstandsgewinn für Herrn *Hasenbein*: _____

Wohlstandsgewinn für Herrn *Sesselmann*: _____

Fall **c)**   Tauschverhältnis 1,75 kg Früchte gegen 1 kg Fleisch.

Arbeitsteilung und Tausch sind beidseitig lohnend:
Ja ☐   Nein ☐

Herr *Hasenbein* produziert: _____

Herr *Sesselmann* produziert: _____

Wohlstandsgewinn für Herrn *Hasenbein*: _____

Wohlstandsgewinn für Herrn *Sesselmann*: _____

Aufgabe I.13

Die Länder Japan und Deutschland stellen Computer (C) und Werkzeugmaschinen (W) her.

Derzeit produzieren Japan und Deutschland jeweils 2000 Computer sowie 2000 Werkzeugmaschinen. Eine Arbeitsstunde kostet in Japan genauso viel wie in Deutschland.

Zeitbedarf der Produktion:

Land Gut	Stunden je Stück C	Stunden je Stück W
Japan	100	120
Deutschland	160	130

Bei der Betrachtung der absoluten Kosten wird deutlich:

Offensichtlich stellt Japan sowohl C als auch W günstiger her als Deutschland.

Weisen sie anhand der komparativen Kostenvorteile nach, dass dennoch eine internationale Arbeitsteilung zwischen Japan und Deutschland Zeiteinsparungen (= Kosteneinsparungen) für beide Länder erbringt.

9

Lösungsschema:

	Opportunitätskosten	Opportunitätskosten
Japan		
Deutschland		

Ergebnis:

Japan: sollte sich allein auf die Produktion von

.... spezialisieren.

Deutschland: sollte sich allein auf die Produktion von

.... spezialisieren.

Wie hoch ist die Zeiteinsparung insgesamt und für die einzelnen Länder, wenn sich die beiden Länder jeweils auf die Produktion eines Gutes spezialisieren und beide Länder ihre Produkte austauschen? (Annahme: Es werden weiterhin insgesamt 4000 Werkzeugmaschinen und 4000 Computer hergestellt!)

In welchem Rahmen darf das Austauschverhältnis:

$$\frac{\text{Mengeneinheiten Werkzeugmaschinen}}{\text{1 Mengeneinheit Computer}}$$

liegen, damit der Warenaustausch für beide Nationen von Vorteil ist?

Aufgabe I.14

Eine Kleinunternehmerin aus dem Dienstleistungsgewerbe, Frau *Dipl.-Kffr. Karoline Klug,* hat zwei Mitarbeiterinnen zur Verfügung, die einfache Dienstleistungen sowohl verkaufen als auch die notwendigen nachbearbeitenden Aufgaben der Abwicklung taggleich

10

erledigen. In der **Ausgangslage** arbeiten beide 8 Std. täglich (zur Rechenvereinfachung als reine Arbeitszeit angenommen!), und *jede erledigt zu den von ihr verkauften Dienstleistungen auch die nachbearbeitenden Aufgaben selbst.* Weitere Mitarbeiterkapazitäten sind nicht zu bekommen. Auch können Mitarbeiterkapazitäten nicht abgebaut werden. Für jede verkaufte und abgewickelte Dienstleistung wird ein Erlös von € 30,- erzielt (Erlös pro Stück).

Frau *Karoline Klug* stellt nun fest, dass die Mitarbeiterin *Gabi Hurtig* nicht nur besser verkaufen kann, sondern ihr auch die Nachbearbeitung flotter von der Hand geht als der Mitarbeiterin *Suse Tran*. Frau *Klug* als Unternehmerin ermittelt auf der Grundlage genauer Beobachtung ihrer beiden Mitarbeiterinnen die Arbeitszeiten, die die Mitarbeiterinnen durchschnittlich für den Verkauf und die Nachbearbeitung einer Dienstleistung benötigen. Das Resultat ist in der folgenden Tabelle zusammengefasst:

	Durchschnittlicher Zeitbedarf für den **Verkauf** einer Dienstleistung in Minuten	Durchschnittlicher Zeitbedarf für die **Nachbearbeitung** einer Dienstleistung in Minuten
Gabi Hurtig	8	12
Suse Tran	10	20

a) *Wie viele Dienstleistungen* werden bei der Ausgangsarbeitsteilung täglich vollständig verkauft und nachbearbeitet?

b) Frau *Karoline Klug* sagt sich nun, dass bei einer Neuaufteilung der Aufgaben die Mitarbeiterin *Gabi Hurtig* als bessere Verkäuferin auf jeden Fall auf die Kundschaft angesetzt werden sollte, da es fürs wirtschaftliche Überleben ja schließlich auf den Verkauf ankomme.

Da weiterhin jede verkaufte Dienstleistung am gleichen Tag auch abgewickelt werden muss, verfügt Frau *Klug*, dass Frau *Tran* im „back office" mit der Abwicklung der von Frau *Hurtig* verkauften Dienstleistungen beschäftigt wird. Nur insofern durch die geringe Leistungskraft von *Suse Tran* bei der Nachbearbeitung Engpässe entstehen, soll künftig *Gabi Hurtig* von ihr selbst verkaufte Dienstleistungen auch nachbearbeiten.

Wie viele Dienstleistungen werden nach Einführung dieser neuen Arbeitsteilung zwischen den beiden Mitarbeiterinnen *Gabi Hurtig* und *Suse Tran* täglich abgewickelt [wobei weiterhin jede Dienstleistung vollständig (Verkauf und Nachbearbeitung) taggleich erledigt sein muss, also *auf eine volle Anzahl von Dienstleistungen abzurunden* ist!]?

c) Frau *Karoline Klug* sieht sich die neuen Zahlen an und ist von der Entwicklung ihres Unternehmens überrascht. Sie denkt gründlich nach und erinnert sich an gewisse Inhalte des Faches *Volkswirtschaftslehre* aus ihrem Grundstudium der Wirtschaftswissenschaft. Diese Erinnerung sagt ihr, was zu tun ist: Sie hat die am Ergebnis (Erlös bzw. Anzahl der Dienstleistungen) gemessen beste Arbeitsteilung, die optimale Arbeitsteilung, gefunden!

c.1) Welche Arbeitsteilung zwischen den beiden Mitarbeiterinnen bezüglich der Tätigkeiten Verkauf und Nachbearbeitung führt zu einer größtmöglichen Zahl taggleich vollständig zu erledigender Dienstleistungen (Optimale Arbeitsteilung)?

Bitte tragen Sie die richtige Antwort in die folgende Tabelle ein:

„Optimale Arbeitsteilung"	Anzahl der **Verkäufe** pro Arbeitstag	Anzahl der **Nachbearbeitungen** pro Arbeitstag
Gabi Hurtig erledigt:		
Suse Tran erledigt:		

c.2) *Wie viele Dienstleistungen* werden bei dieser optimalen Arbeitsteilung täglich vollständig verkauft und nachbearbeitet?

c.3) Um *wie viel Prozent* liegt der Gesamterlös bei Wahl der optimalen Arbeitsteilung über dem Gesamterlös bei Wahl der unter **b)** beschriebenen Arbeitsteilung?

c.4) Um *wie viel Prozent* unterscheidet sich der Gesamterlös bei Wahl der optimalen Arbeitsteilung von dem Gesamterlös bei der Arbeitsteilung, wie sie in der Ausgangslage bestanden hat?

c.5) Wie heißt das Theorem, mit Hilfe dessen die optimale Arbeitsteilung zu finden ist und an das sich die Abteilungsleiterin wohl erinnert hat?

Aufgabe I.15

Ein Ehepaar, bei dem beide Partner zu übereinstimmenden Tageszeiten voll berufstätig sind, hat sich entschieden, Gartenarbeit und Hausarbeit redlich zu teilen, so dass in der Ausgangssituation jeder Partner die Hälfte der Gartenarbeit und die Hälfte der Hausarbeit erledigt. Dabei stellt sich heraus, dass folgende Arbeitszeiten erforderlich sind (in Klammern alternative Arbeitszeiten):

	Zeitbedarf für die Erledigung der halben **Gartenarbeit** in Stunden pro Woche	Zeitbedarf für die Erledigung der halben **Hausarbeit** in Stunden pro Woche
„Sie": **F**	3 (2,5)	2 (2)
„Er": **M**	5 (5)	4 (3)

a) Ist die gewählte Arbeitsteilung aus Sicht der Partnerin F optimal, wenn ihr Ziel die Maximierung lediglich *ihrer* Freizeit wäre, die gesamte Arbeit erledigt werden muss und eine neue Aufteilung den Partner M zeitlich nicht schlechter stellen dürfte als in der Ausgangssituation? Wenn nein, dann geben Sie die Arbeitseinsätze beider Partner an, die unter den angegebenen Bedingungen zu einer maximalen Freizeit der Partnerin F führen und nennen Sie den Zeitgewinn der Partnerin F gegenüber der Ausgangssituation:

Arbeitszeiten von **F**: im Garten: _____ im Haus: _____

Arbeitszeiten von **M**: im Garten: _____ im Haus: _____

Freizeitgewinn von **F** gegenüber der Ausgangslage: _____

b) Welche Arbeitsteilung wäre aus Sicht des Partners **M** optimal, wenn sein Ziel die Maximierung lediglich *seiner* Freizeit wäre, die gesamte Arbeit erledigt werden muss und die neue Aufteilung die Partnerin F zeitlich nicht schlechter stellen dürfte als in der Ausgangssituation? Geben Sie die Arbeitseinsätze beider Partner und den Zeitgewinn des Partners M gegenüber der Ausgangssituation an:

Arbeitszeiten von **F**: im Garten: _____ im Haus: _____

Arbeitszeiten von **M**: im Garten: _____ im Haus: _____

Freizeitgewinn von **F** gegenüber der Ausgangslage: _____

c) Ist die Arbeitsteilung der Ausgangslage optimal, wenn beide Partner an einer maximalen *gemeinsamen* Freizeit interessiert sind? Wenn nein: Welche Arbeitseinsätze sollten gewählt werden, um die gemeinsame Freizeit zu maximieren? Geben Sie auch für diesen Fall die Arbeitseinsätze der beiden Partner und den Zeitgewinn bzw. Zeitverlust jedes Partners sowie den Gewinn an gemeinsamer Freizeit an:

Arbeitszeiten von **F**: im Garten: _____ im Haus: _____

Freizeitveränderung von **F** zur Ausgangslage: _____

Arbeitszeiten von **M**: im Garten: _____ im Haus: _____

Freizeitveränderung von **M** zur Ausgangslage: _____

Freizeitgewinn von **F** gegenüber der Ausgangslage: _____

Gewinn an gemeinsamer Freizeit von **F** und **M** gegenüber der Ausgangslage: _____

Aufgabe I.16

Bitte ergänzen Sie:

Im Normalfall gilt:

- Bei gleichbleibender Nachfrage führt eine Angebotserhöhung zu _____ Preisen

  und _____ Gleichgewichtsmengen.

14

- Bei gleichbleibender Nachfrage führt eine Angebotssenkung

  zu _____ Preisen

  und _____ Gleichgewichtsmengen.

- Bei gleichbleibendem Angebot führt eine Nachfrageerhöhung

  zu _____ Preisen

  und _____ Gleichgewichtsmengen.

- Bei gleichbleibendem Angebot führt eine Nachfragesenkung

  zu _____ Preisen

  und _____ Gleichgewichtsmengen.

Aufgabe I.17

a) Definieren Sie die Begriffe:

1. Konsumentenrente

2. Produzentenrente

b) Berechnen Sie die Höhe von volkswirtschaftlichem Bruttonutzen, volkswirtschaftlichem Nettonutzen, Konsumentenrente und Produzentenrente

für eine Marktsituation

mit Angebotfunktion   = $p_A = \frac{1}{2} x_A$

mit Nachfragefunktion = $p_N = -2x_N + 15$

Aufgabe I.18

Bezüglich des Marktes für das hier betrachtete Gut liegen folgende Angaben vor:

Die [normal verlaufende] Nachfragefunktion ist eine lineare Funktion der Form $X^N = a - b \cdot P$, mit X^N = nachgefragter Menge (in Abhängigkeit vom Preis), P = Preis, a > 0 und b > 0.

Ebenso ist die [normal verlaufende] (langfristige) Angebotsfunktion eine lineare Funktion der Form $X^A = c \cdot P - d$, mit X^A = angebotener Menge (in Abhängigkeit vom Preis), P = Preis, c > 0 und d > 0.

Der Prohibitivpreis auf diesem Markt beträgt: P^{proh} = 11 GE
[GE = Geldeinheiten]. Die Sättigungsmenge auf diesem Markt beträgt: X^{satt} = 22 ME [ME = Mengeneinheiten]. Die (langfristige) Angebotsfunktion schneidet die Preisachse bei einem Preis von 2 GE.
Der Markt befindet sich im Gleichgewicht bei einer Gleichgewichtsmenge von x* = 8 ME.

a) Erläutern Sie die Begriffe Prohibitivpreis und Sättigungsmenge.
Erläutern Sie zudem die ökonomische Bedeutung des Preises,
bei dem die Preisachse von der (langfristigen) Angebotsfunktion
geschnitten wird.

b) Bestimmen Sie für das Gleichgewicht auf diesem Markt (jeweils in Geldeinheiten gemessen) die Höhe der auf dem Markt
erzielten Erlöse E (entspricht dem Umsatz), den durch die Produktion der Gleichgewichtsmenge entstehenden volkswirtschaftlichen Bruttonutzen U^{brutto}, die Konsumentenrente KR, die
bei dieser Produktion bei den Anbietern entstehenden Kosten
K sowie deren Gewinne G und den bei dieser Produktion entstehenden volkswirtschaftlichen Nettonutzen U^{netto}. Interpretieren Sie – kurz – die Größe "Volkswirtschaftlicher Nettonutzen
U^{netto}".

Aufgabe I.19

a) Ein Wirtschaftsverband hat eine Umfrage über das Angebots-
verhalten seiner Mitglieder beim Verkauf des Produktes X
durchgeführt. Zwei Werte sickern an die Öffentlichkeit durch:

- Bei einem Preis von 10,- € bieten die Unternehmen die Menge von 3000 Stück an.

- Bei einem Preis von 15,- € bieten die Unternehmen die Menge von 5000 Stück an.

Ermitteln Sie die Angebotsfunktion und die inverse Angebotsfunktion. (Linearität der Funktionen wird vorausgesetzt!)

b) Aus Umfragen bei Verbrauchern lässt sich das Nachfrageverhalten nach dem angebotenen Gut X erkennen. Die Umfragen
haben ergeben, dass die Haushalte

- bei einem Preis von 7,- € die Menge von 200 Stück kaufen wollen.

- bei einem Preis von 5,- € die Menge von 300 Stück kaufen wollen.

Ermitteln Sie die Nachfragefunktion und die inverse Nachfragefunktion. (Linearität der Funktionen wird vorausgesetzt!)

c) Nun sind also Angebots- und Nachfragefunktion bekannt. Errechnen Sie bitte daraus den Gleichgewichtspreis und die Gleichgewichtsmenge.

d) Welche Konsumentenrente und welche Produzentenrente erwächst aus dem nun ermittelten Marktgleichgewicht?

Aufgabe I.20

Auf dem Markt für das hier betrachtete Gut existiere die Nachfragefunktion $X^N = 21 - \frac{3}{2} \cdot P$, mit X^N = nachgefragter Menge und P = Preis. Weiter sei die Angebotsfunktion $X_1^A = \frac{3}{2} \cdot P - 9$ auf diesem Markt gegeben (Angebotsfunktion 1), mit X^A = angebotener Menge und P = Preis. Die Angebotsfunktion ist im Sinne einer langfristigen Angebotsfunktion zu interpretieren.

{Anmerkung: Sie sollten versuchen, alle angegebenen Funktionen und berechneten Lösungen einem Koordinatensystem grafisch darzustellen. Benutzen Sie dafür möglichst kariertes Papier oder Millimeterpapier.}

a) Bestimmen Sie den Prohibitivpreis P^{proh} und die Sättigungsmenge X^{satt} auf diesem Markt sowie die Gleichgewichtsmenge X^* und den Gleichgewichtspreis P^*.

b) Bestimmen Sie für das Gleichgewicht (jeweils in Geldeinheiten gemessen) die Höhe der auf dem Markt erzielten Erlöse E (= Umsatz), den durch die Produktion der Gleichgewichtsmenge entstehenden volkswirtschaftlichen Gesamtnutzen U^{gesamt} (=Bruttonutzen), die Konsumentenrente KR, die bei dieser Produktion bei den Anbietern entstehenden Kosten K sowie deren

Gewinne G und den bei dieser Produktion entstehenden volkswirtschaftlichen Nettonutzen U^{netto}.

c) Erläutern Sie, warum bei den gegebenen Funktionen bei jedem anderen Preis als $P \cdot (P \neq P^*)$ der volkswirtschaftliche Nettonutzen geringer ist als beim Preis P* und der Menge X*.

d) Eine wichtige Funktion freier Marktpreise ist die Anreizfunktion, die zu Neuerungen und ihrer Verbreitung führt.

d.1) Erläutern Sie, was unter dieser Anreizfunktion freier Marktpreise zu verstehen ist:

d.2) Die Marktanreize mögen nun dazu geführt haben, dass die besseren Technologien mehr Verbreitung unter den Anbietern gefunden haben, so dass die obige Angebotsfunktion 1 durch die Angebotsfunktion 2, $X_2^A = 4,5 \cdot P - 27$, zu ersetzen ist.

Geben Sie an, wie man den Vorgang nennt, der zu einer Verbreitung bereits bekannter besserer Technologien unter den Anbietern auf einem Markt führt und ermitteln Sie die neue Gleichgewichtsmenge X* und den neuen Gleichgewichtspreis P*.

Bestimmen Sie die Erlöse E, die Kosten K, die Gewinne G, die Konsumentenrente KR, den volkswirtschaftlichen Gesamtnutzen U^{gesamt} und den volkswirtschaftlichen Nettonutzen U^{netto}.

Vergleichen Sie die Gewinne mit den unter b) ermittelten Gewinnen und geben Sie eine kurze Erklärung für diese Gewinnentwicklung ab.

d.3) Die weiteren Wirkungen der Marktanreize mögen nun zu der folgenden Angebotsfunktion 3 geführt haben, die die Angebotsfunktion 2 ersetzt habe: $X_3^A = 6 \cdot P - 24$.

Ermitteln Sie die neue Gleichgewichtsmenge X* und den neuen Gleichgewichtspreis P* und geben Sie an, welche Kräfte zu einer Entwicklung führen, wie sie durch den Übergang von X_2^A auf X_3^A gekennzeichnet ist.

Bestimmen Sie die Erlöse E, die Kosten K, die Gewinne G, die Konsumentenrente KR, den volkswirtschaftlichen Gesamtnutzen U^{gesamt} und den volkswirtschaftlichen Nettonutzen U^{netto}.

d.4) *Beurteilen Sie anhand eines Vergleichs der gewonnenen Ergebnisse* bezüglich Preis, Menge, Kosten, Gewinn, Konsumentenrente und volkswirtschaftlichem Nettonutzen die *Wirkungen, die von der Anreizwirkung des Marktes ausgehen.*

Aufgabe I.21

Freie Marktpreise erfüllen wirtschaftlich wichtige Funktionen.

a) Erläutern Sie unter Hinzuziehung eines Preis-Mengen-Diagramms für einen Markt die *Ausgleichsfunktion*, die *Auslesefunktion* und die *Zuteilungsfunktion* freier Marktpreise. Interpretieren Sie dabei die Angebotsfunktion als Ausdruck langfristiger Angebotsentscheidungen der Unternehmen und geben Sie im Preis-Mengen-Diagramm an, wo die Kosten K, die Gewinne G und die Konsumentenrente R abzulesen sind.

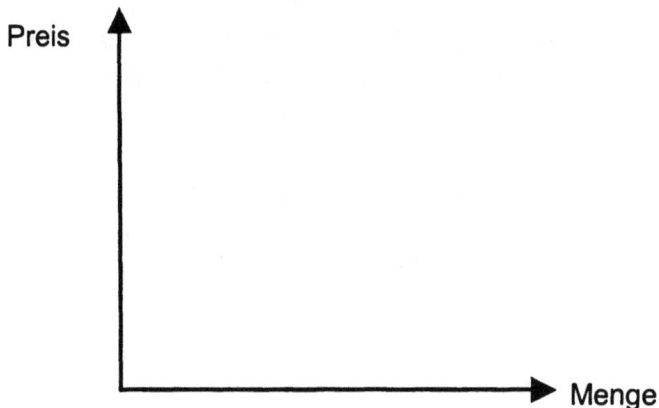

b) Zeigen Sie im Preis-Mengen-Diagramm, wie sich die Verteuerung eines Rohstoffes, den die Anbieter auf dem hier betrachteten Markt pro Stück x der Ausbringungsmenge in gleichem Ausmaß benötigen (unabhängig von ihren sonstigen Produktionskosten) auf den Gleichgewichtspreis, die Gleichgewichtsmenge, die Kosten K, die Gewinne G und die Konsumentenrente R auswirkt. Wie wirkt sich die Verteuerung des Rohstoffs folglich in diesem Fall auf die Verwendung dieses Rohstoffes zur Befriedigung der Nachfrage nach dem betrachteten Gut X aus?

c) Erläutern Sie das Wesentliche der *Informationsfunktion* freier Marktpreise.

d) Erläutern Sie die *Allokations-* und die *Distributionsfunktion* frei-er Marktpreise, und geben Sie an, was angesichts dieser Funktionen unter *Konsumentensouveränität* zu verstehen ist.

e) Zeigen Sie unter Verwendung eines Preis-Mengen-Diagrammes die Auswirkungen eines ökonomisch wirksamen festgesetzten **Höchstpreises** (d.h., eines Preises, der nicht überschritten werden darf), indem Sie den volkswirtschaftlichen Nettoschaden graphisch kennzeichnen und die Beeinträchtigungen der *Informationsfunktion*, der *Allokationsfunktion* und der *Distributionsfunktion* freier Marktpreise und der *Konsumentensouveränität* erläutern.

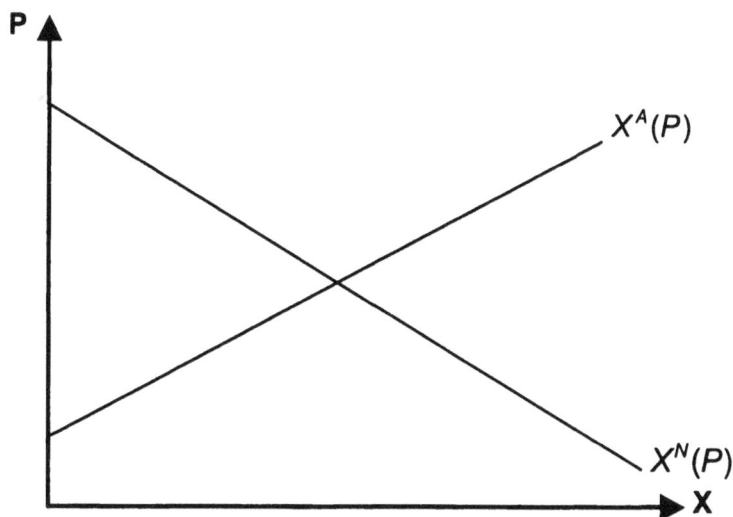

$$P \quad\quad X^A(P) \quad\quad X^N(P) \quad\quad X$$

Aufgabe I.22

Auf einem Markt für das Gut X gebe es eine normal verlaufende Nachfragefunktion und eine normal verlaufende Angebotsfunktion. Die freie Marktpreisbildung ist gewährleistet und es kommt ein Gleichgewichtspreis zustande.

a) Zeigen Sie im Rahmen eines Preis-Mengen-Diagramms für diesen Markt den Gleichgewichtspreis und die zugehörige Gleichgewichtsmenge. Kennzeichnen Sie die sich bei höheren oder niedrigeren Preisen ergebenden Tauschmengen. Interpretieren Sie die sich im Schaubild unterhalb der Kurven bzw. zwischen den Kurven im Gleichgewichtsfall ergebenden Flächen ökonomisch. Erläutern Sie dabei die Auslesefunktion freier Marktpreise.

b) Zeigen Sie im Preis-Mengen-Diagramm die Auswirkungen eines festgesetzten **Mindestpreises** (d. h., eines Preises, der von den Marktteilnehmern nicht unterschritten werden darf), der oberhalb des Gleichgewichtspreises liegt, auf die verschiedenen im Diagramm abzulesenden ökonomischen Größen. Zeigen Sie dabei mit Unterstützung des Schaubildes auch, wie groß der volkswirtschaftliche Nettoschaden der Mindestpreissetzung ist.

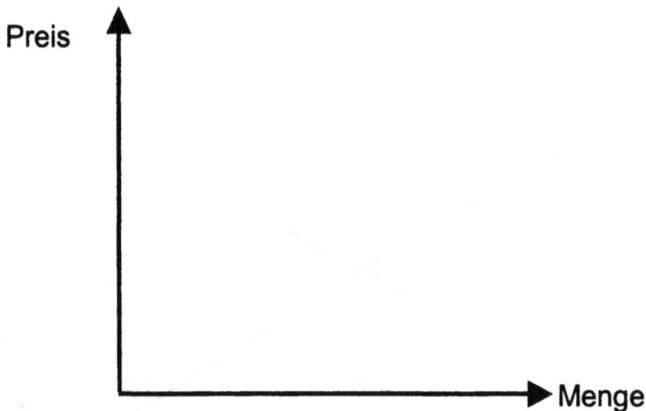

Preis ↑

Menge →

Aufgabe I.23

Im folgenden Preis-Mengen-Diagramm finden Sie eine Nachfragefunktion und eine (langfristige) Angebotsfunktion. Zeigen Sie im Diagramm, dass sich, ausgehend von einem *wirksam festgesetzten Mindestpreis* der Übergang zum Gleichgewichtspreis für *beide* Marktseiten lohnen kann.

Zeigen Sie *graphisch* den gesamten Zugewinn an volkswirtschaftlichem Nettonutzen durch diesen Übergang und begründen Sie kurz mit Definition des Begriffs „Pareto-Optimum", warum der Gleichgewichtspreis pareto-optimal ist.

Preis P

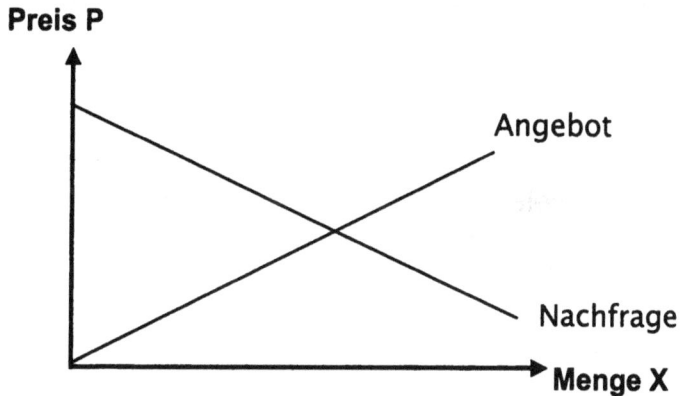

Aufgabe I.24

Auf einem betrachteten Markt für Agrarprodukte soll folgendes Angebots- und Nachfrageverhalten herrschen:

Nachfrage: $p = 35 - x$

Angebot: $p = 5 + 0,5 \cdot x$ mit

p = Preis des Gutes

x = Menge des Gutes

a) Bestimmen Sie den Gleichgewichtspreis und die Gleichgewichtsmenge auf dem Agrarmarkt. Bestimmen Sie für das Gleichgewicht auf diesem Markt (jeweils in Geldeinheiten gemessen) die Höhe der auf dem Markt erzielten Erlöse E (entspricht dem Umsatz), den durch die Produktion der Gleichgewichtsmenge entstehenden volkswirtschaftlichen Bruttonutzen U^{brutto}, die Konsumentenrente KR, die bei dieser Produktion bei den Anbietern entstehenden Kosten K (Annahme: es gibt keine Fixkosten bei der Produktion der Agrargüter) sowie deren Gewinne G und den bei dieser Produktion entstehenden volkswirtschaftlichen Nettonutzen U^{netto}.

b) Der Staat legt zur Sicherung der Landwirtschaft einen **Mindestpreis** für das betrachtete Produkt von 25,- Geldeinheiten fest. Welche Reaktion wird dieses am Markt haben? Berechnen Sie die Höhe des volkswirtschaftlichen Nettonutzens, die Konsumentenrente und den Gewinn nach Einführung des Mindestpreises.

Aufgabe I.25

Auf dem betrachteten Markt für Wohnungen soll folgendes Angebots- und Nachfrageverhalten herrschen:

Nachfrage : $p = 3400 - 10x$

Angebot   : $p = 200 + 0,6x$

mit

p = Preis des Gutes

x = Menge des Gutes

a) Bestimmen Sie den Gleichgewichtspreis und die Gleichgewichtsmenge auf dem Wohnungsmarkt. Bestimmen Sie für das Gleichgewicht auf diesem Markt (jeweils in Geldeinheiten gemessen) die Höhe der auf dem Markt erzielten Erlöse E (entspricht dem Umsatz), den durch die Produktion der Gleichgewichtsmenge entstehenden volkswirtschaftlichen Bruttonutzen U^{brutto}, die Konsumentenrente KR, die bei dieser Produktion bei den Anbietern entstehenden Kosten K (Annahme: es gibt keine Fixkosten der Wohnungsproduktion) sowie deren Gewinne G und den bei dieser Produktion entstehenden volkswirtschaftlichen Nettonutzen U^{netto}.

b) Der Staat legt aus sozialpolitischen Gründen eine **Höchstmiete** von 800,- Geldeinheiten fest. Welche Reaktion wird dieses am Markt haben? Berechnen Sie die Höhe des volkswirtschaftlichen Nettonutzens, die Konsumentenrente und den Gewinn nach Einführung des Höchstpreises. Hat die staatliche Maßnahme den Wohlstand in der betrachteten Volkswirtschaft erhöht?

II. WIRTSCHAFTSSYSTEME UND -ORDNUNGEN UND IHRE PROBLEME (BEHRENS/KIRSPEL, S. 132 – 222)

Aufgabe II.1

Füllen Sie bitte aus:

System / Merkmal	Markt-wirtschaft	Zentral-verwaltungs-wirtschaft
Grundprinzip		
Planträger		
Art der Informationsgewinnung		
Technik der Koordination der Einzelpläne		
Koordination der Produktionspläne		
Zusammenhang von Gütererzeugung und Einkommen		
Anreize		
Eigentum an Produktionsmitteln		

Aufgabe II.2

Welche drei Grundfragen hat jedes Wirtschaftssystem zu beantworten?

Aufgabe II.3

In einer Zentralverwaltungswirtschaft werden zwei Produktionseinrichtungen (Kombinat A und Kombinat B) mit der Produktion von Schrauben und Nägeln beauftragt. Es handelt sich um standardisierte Schrauben und Nägel (unter dem Oberbegriff der *Befestigungsmaterialeinheiten, abgekürzt: BME*). Sie werden in Tüten je 1000 Stück verpackt, wobei der Inhalt jeder solchen Tüte ein Gewicht von 3 kg (Kilogramm) hat (d. h. 3 g pro *BME*, also pro Schraube bzw. pro Nagel).

Aufgrund der zentralen Pläne ist der Engpass bei der Produktion der Stahl. Ein weiteres Problem ist, dass je fertiger Tüte Nägel bzw. je fertiger Tüte Schrauben mehr als 3 kg Stahl benötigt werden, weil es in den Kombinaten sowohl Ausschuss als auch Schwund gibt.

Der tatsächliche Verbrauch an Stahl je Tüte (1000 Stück) Schrauben bzw. je Tüte (1000 Stück) Nägel in kg (Kilogramm) ist der folgenden Tabelle zu entnehmen:

	Stahlbedarf in kg für **1 Tüte Schrauben** (= 1000 Stück Schrauben)	Stahlbedarf in kg für **1 Tüte Nägel** (= 1000 Stück Nägel)
Kombinat **A**	5	4
Kombinat **B**	6	6

Die Zentrale Planungsbehörde stellt beiden Kombinaten jeweils 120 t (Tonnen) Stahl zur Verfügung.

Die Zentrale Planungsbehörde gibt als *Produktionsziele* vor: Es sind von jedem Kombinat je 10.000 Tüten Schrauben und 10.000 Tüten Nägel herzustellen. Falls Engpässe befürchtet werden, sind vorrangig die 10.000 Tüten Nägel zu produzieren, da Nägel gesellschaftlich wichtiger sind.

Weiter gibt die Zentrale Planungsbehörde als *Wachstumsziel* vor, dass beide Kombinate zu versuchen haben, die Planvorgabe von jeweils 20.000 Tüten *BME* (Befestigungsmaterialeinheiten) um wenigstens 4%, also um 800 Tüten *BME* zu überschreiten (Diese Zielvorgabe erfolgt in Tüten *BME*, weil es der Zentralen Planungsbehörde gleichgültig ist, ob die Überschreitung des Produktionsziels in Schrauben oder in Nägeln erfolgt.). Geringere Überschreitungen werden bestraft, höhere Überschreitungen belohnt.

Die *Strafe* bei Nichterreichung des Wachstumsziels beträgt *1000 GE (GE = Geldeinheiten) Strafzahlung.* Die *Belohnung* bei Überschreitung des Wachstumsziels besteht in einer Prämienzahlung in Höhe von *1000 GE zuzüglich 100 GE für jeden angefangenen Prozentpunkt Wachstum, der über 4% hinausgeht.*

a) Da die beiden Kombinate angehalten sind, vorrangig Nägel zu produzieren und sie unsicher sind, wie groß der Schwund tatsächlich sein wird, stellen sie vorsichtshalber erst die Mindestzahl von 10.000 Tüten Nägel her und produzieren sodann mit dem restlichen jeweils zur Verfügung stehenden Stahl Schrauben. (Verbrauchsmengen je Tüte gemäß der <u>obigen</u> Tabelle!) Jedes Kombinat arbeitet dabei nur für sich. Tragen Sie die Produktionsmengen in die <u>folgende</u> Tabelle ein:

Ausgangs-lage	Produktionsergebnis in **Tüten Schrauben** (je 1000 Stück Schrauben)	Produktionsergebnis in **Tüten Nägel** (je 1000 Stück Nägel)
Kombinat **A**		
Kombinat **B**		

Geben Sie die Höhe der Prämie/n oder der Strafzahlung/en für die beiden Kombinate sowie die ausgeschüttete Gesamtsumme der Prämienzahlungen (abzüglich Strafzahlungen) an.

b) Der Leiter des Kombinats B hat in seiner Freizeit bei *Ricardo* gelesen, dass man sich in der Frage von Arbeitsteilung und Tausch nach den komparativen Kostenvorteilen richten soll. Er schlägt deshalb dem Leiter des Kombinats A vor, entgegen dem Zentralplan das *Gesetz der komparativen Kostenvorteile* anzuwenden, um durch marktwirtschaftlichen Tausch (hier na-

türlich auf dem Schwarzmarkt) zu besseren Produktionsergeb-
nissen zu kommen. Zunächst glaubt zwar der Leiter des Kombinats A, dass sich der Leiter des Kombinats B nur an seinem
Erfolg beteiligen will, um in den Genuss von Prämien zu kommen. Nachdem der Leiter des Kombinats B ihm jedoch das
Gesetz der komparativen Kostenvorteile (= Ricardos Theorem)
erklärt hat, ist auch der Leiter des Kombinats A begeistert.

b.1) Beschreiben Sie, was das *Gesetz der komparativen Kostenvorteile* in diesem Falle verspricht, so dass auf Grund dieses Gesetzes auch der Leiter des Kombinats A bereit sein sollte, vom
Zentralplan abzuweichen und einem marktwirtschaftlichen
Tausch zuzustimmen:

b.2) Die beiden Kombinate spezialisieren sich nun vereinbarungs-
gemäß entsprechend ihrer komparativen Kostenvorteile.

Tragen Sie in die folgende Tabelle ein, welche Produktionsmengen zustande kommen, wenn eine *vollständige Spezialisie-
rung* der beiden Kombinate entsprechend den komparativen
Kostenvorteilen erfolgt ("Optimale Arbeitsteilung"):

"Optimale Arbeitstei-lung"	Anzahl der produzier-ten **Tüten Schrauben** (je 1000 Stück Schrauben)	Anzahl der produzier-ten **Tüten Nägel** (je 1000 Stück Nägel)
Kombinat **A**		
Kombinat **B**		

b.3) Zur Erfüllung der den beiden Kombinaten auferlegten Produkti-
onsvorgaben durch die Zentrale Planungsbehörde müssen die
beiden Kombinate nun noch tauschen. Nach zähen Verhandlungen einigen sie sich freiwillig auf ein

Tauschverhältnis von 1,15 Tüten Nägel pro 1 Tüte Schrauben.

Zu diesem Tauschverhältnis ist der Leiter des Kombinats B be-
reit, 10.000 Tüten Schrauben an das Kombinat A zu liefern.
Der Leiter des Kombinats A stimmt diesem Tausch zu. Der
Tausch wird entsprechend vollzogen.

1. Frage: Wie bezeichnet man den ökonomischen Ort des Tausches?

2. Frage: Wie bezeichnet man ein solches Tauschverhältnis, wie das, worauf sich die Kombinatsleiter geeinigt haben?

3. Frage: Welche Mengen werden aufgrund der Vereinbarungen zwischen den beiden Kombinatsleitern getauscht?

4. Frage: Zwischen welchen Grenzwerten muss sich das Tauschverhältnis „x Tüten Nägel je 1 Tüte Schrauben" befinden, damit sich bei den Zahlen dieser Aufgabe die Arbeitsteilung und der Tausch für beide Kombinate lohnen können?

Tragen Sie in die folgende Tabelle ein, über welche Mengen an Tüten Schrauben bzw. Tüten Nägel die beiden Kombinate *nach dem vollzogenen Tausch* verfügen, um sie der Zentralen Planungsbehörde als „ihr" Produktionsergebnis zu präsentieren, auf dessen Grundlage die Prämie dann gezahlt wird:

„Nach Arbeitsteilung und Tausch gemäß freier Vereinbarung"	Ausgewiesenes Produktionsergebnis an **Tüten Schrauben** (je 1000 Stück Schrauben)	Ausgewiesenes Produktionsergebnis an **Tüten Nägel** (je 1000 Stück Nägel)
Kombinat **A**		
Kombinat **B**		

Geben Sie die Höhe der Prämie/n oder der Strafzahlung/en für die beiden Kombinate nach Arbeitsteilung und freiwilligem Tausch sowie die ausgeschüttete Gesamtsumme der Prämienzahlungen (abzüglich Strafzahlungen) an

c) Interpretieren Sie die unter a) und b) gewonnenen Ergebnisse im Sinne eines Vergleichs der reinen Wirtschaftssysteme „Marktwirtschaft" und „Zentralverwaltungswirtschaft", indem Sie

auf die folgenden konkreten Aspekte aus der Aufgabe eingehen:

- Anreize für die Kombinatsleiter, trotz zentraler Planvorgaben
  einen (Schwarz-)Markt zu unterhalten,

- Effizienz des Einsatzes des knappen Rohstoffs Stahl für die
  Produktion von Nägeln und Schrauben,

- Erreichung des Ziels, vorrangig die (laut Vorgabe) besonders
  benötigten Nägel zu produzieren,

- Frage, ob die Zentrale Planungsbehörde gemessen an den in
  der Aufgabe genannten Produktionszielen ein Interesse daran
  haben sollte, den Schwarzmarkt nicht zu unterbinden.

Aufgabe II.4

Erläutern Sie die Begriffe „geborene öffentliche Güter" und „geko-
rene öffentliche Güter".

Aufgabe II.5

Erläutern sie anhand der nachfolgender Zeitungsschlagzeile, warum Autobahnen vielleicht doch keine geborenen öffentlichen Güter
sind:

Bauindustrie will die Auto-
bahnen privatisieren

Aktienausgabe und Mautgebühren – Weiterer Arbeitsplatzabbau

dpa Berlin. Mit Blick auf die von der Bauindustrie seit langem geforderte
Privatfinanzierung im Verkehrswegebau schlägt der Präsident der Deutschen Bauindustrie Walter die Bildung einer privaten Autobahn AG vor.
Das gesamte Autobahnnetz sollte privatisiert und die bestehenden Stre-
cken in eine Aktiengesellschaft eingebracht werden.

Aufgabe II.6

a) Erläutern Sie mit Unterstützung graphischer Darstellung, was unter „Externen Effekten" zu verstehen ist, und zeigen Sie ihre volkswirtschaftlich unerwünschten Marktergebnisse auf.

b) Erläutern Sie anhand eines praxisbezogenen Beispiels Ihrer Wahl für den Fall externer Kosten, welche wirtschaftspolitischen Möglichkeiten bestehen, dem Problem wirkungsvoll entgegenzuwirken. Sofern mehrere Kategorien von Maßnahmen möglich sind, erörtern Sie die jeweiligen Vor- und Nachteile.

Aufgabe II.7

Nehmen Sie kurz eine ökonomische Interpretation des nachfolgenden Zeitungsartikels vor:

Land zahlt Bauern Geld für gefräßige Wintergäste

GÄNSEPROBLEM IM NÖRDLICHEN RHEIDERLAND

dru-Leer. Die Landesregierung will Landwirten im nördlichen Rheiderland weiterhin Verträge zum Schutz nordischer Zugvögel anbieten. Bauern sollen finanzielle Entschädigungen erhalten, wenn sie sich verpflichten, rastende Nonnengänse auf ihren Grünflächen zu dulden und diese im Winter nicht zu bewirtschaften. Das hat Umweltminister Jüttner (SPD) gestern im Landtag zugesagt. Ein Gutachten über Fraßschäden habe ergeben, dass es nachweisbare Schäden lediglich im nördlichen Rheiderland gebe, wo Nonnengänse in großer Zahl vorkämen. Der erste Grünlandschnitt falle dort um ein Fünftel geringer aus als anderswo.

Aufgabe II.8

a) Stellen Sie graphisch die Auswirkungen einer Besteuerung des Angebots auf Konsumenten- und Produzentenrente dar, wenn

30

ausgehend von einem gegebenem Marktgleichgewicht nun der Staat den Anbietern eine Steuer pro Stück in Höhe von t auferlegt. Verwenden Sie zwei Zeichnungen, um den Unterschied deutlich zu machen!

b) Arbeiten Sie zur Beantwortung nachfolgender Fragen mit Buchstaben, die Sie in Ihre Zeichnung einfügen.

1) Nach Einführung der Steuer verringert sich Konsumentenrente um ....

2) Nach Einführung der Steuer verringert sich die Produzentenrente um ....

3) Die Steuereinnahmen betragen ....

4) Der Wohlfahrtsverlust der Steuer hat eine Höhe von ....

Aufgabe II.9

[In eckigen Klammern: Zahlen/Funktionen für eine alternative Berechnung.]

Auf dem Markt für das hier betrachtete Gut existiere eine normal verlaufende lineare Nachfragefunktion der Form $X^N = a - b \cdot P$, mit X^N = nachgefragter Menge (in Abhängigkeit vom Preis) und P = Preis, sowie a > 0 und b > 0. Der Prohibitivpreis auf diesem Markt P^{proh} liege bei P^{proh} = 10, die Sättigungsmenge X^{satt} liege bei X^{satt} = 20. {Aus diesen Angaben können Sie nun die Nachfragefunktion bestimmen, indem Sie die Zahlenwerte für a und b berechnen!}

Weiter sei die lineare Angebotsfunktion $X^A = 2 \cdot P - 8 [X^A = 2 \cdot P - 4]$ auf diesem Markt gegeben, mit X^A = angebotener Menge (in Abhängigkeit vom Preis) und P = Preis. Die Angebotsfunktion ist als langfristige Angebotsfunktion zu interpretieren.

[Anmerkung: Es könnte sich als zweckmäßig erweisen, die beiden Funktionen auch einmal nach dem Preis umzukehren.]

a) Bestimmen Sie die Gleichgewichtsmenge X* und den Gleichgewichtspreis P* auf diesem Markt.

b) Bestimmen Sie für das Gleichgewicht (in Geldeinheiten gemessen) die Höhe der auf dem Markt erzielten Erlöse E (= Umsatz), die bei dieser Produktion bei den Anbietern entstehenden Kosten K sowie deren Gewinne G, die Konsumentenrente KR, den durch die Produktion der Gleichgewichtsmenge entstehenden volkswirtschaftlichen Gesamtnutzen U^{gesamt} und den dadurch entstehenden volkswirtschaftlichen Nettonutzen U^{netto}.

Stellen Sie die Ergebnisse unter Angaben der Buchstaben mit den zugehörigen Zahlenergebnissen in folgendem Quadranten eines Koordinatenkreuzes dar.

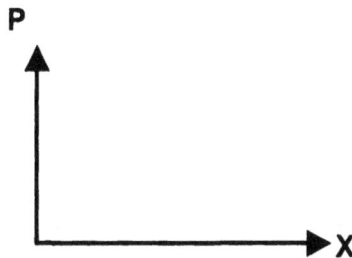

c) Erläutern Sie, warum bei jedem anderen Preis als P* der volkswirtschaftliche Nettonutzen geringer ist als beim Preis P* und der Menge X*. Geben Sie die Höhen des volkswirtschaftlichen Nettonutzens U^{netto} für P = 5 [P = 4] und für P = 8 [P = 7] unter Verwendung der obigen Funktionen an.

d) Nun sei die Ausgangssituation verändert, indem *externe Effekte* eingeführt werden. Die bisher angenommene Nachfragefunktion spiegele nun nicht die gesamten durch die Bereitstellung des Gutes entstehenden Nutzen wider, weil ein Teil der tatsächlich entstehenden Nutzen nicht in die Rechnungen der Marktteilnehmer eingehen. Es liegt hier also das Problem der externen Nutzen vor. Um diese externen Nutzen zu internalisieren, werden die Anbietern pro Stück in Höhe von 2 Geldeinheiten subventioniert, so dass die neue Angebotsfunktion lautet:

$X^A = 2 \cdot P - 4$. Die Zahlung der Subvention in dieser Höhe möge, so sei hier unterstellt, die externen Effekte exakt internalisieren! [Die bisher angenommene Angebotsfunktion spiegele nun nicht die gesamten durch die Produktion entstehenden Kosten wider, weil ein Teil der tatsächlich anfallenden Kosten nicht in die Rechnungen der Marktteilnehmer eingehen. Es liegt hier also das Problem der externen Kosten vor. Um diese externen Kosten zu internalisieren, wird von den Anbietern pro Stück eine Steuer in Höhe von 2 Geldeinheiten erhoben, so dass die neue Angebotsfunktion lautet: $X^A = 2 \cdot P - 8$. Die Erhebung der Steuer in dieser Höhe möge, so sei hier unterstellt, die externen Effekte exakt internalisieren!]

d.1) Wie ändert die Zahlung dieser Subvention [Erhebung dieser „Umwelt"-(Pigou-)Steuer] Gleichgewichtspreis P* und Gleichgewichtsmenge X* auf dem Markt?

d.2) Bestimmen Sie die Erlöse E, die Kosten (nach Abzug der Subventionen) K (-Sub) [Kosten (einschließlich der Steuern) K (mit St)], die Gewinne G, die Konsumentenrente KR, den volkswirtschaftlichen Gesamtnutzen U^{gesamt} und den volkswirtschaftlichen Nettonutzen U^{netto}.

d.3) Wie hoch würden Gleichgewichtsmenge X*, Gleichgewichtspreis P*, Erlöse E, Kosten K, Gewinne G, Konsumentenrente (einschließlich externer Nutzen) KR (+ Ext), volkswirtschaftlicher Gesamtnutzen U^{gesamt} und volkswirtschaftlicher Nettonutzen U^{netto} sein, wenn zwar der angegebene externe Effekt auftreten würde, er aber nicht durch Subventionen internalisiert würde? [Wie hoch würden Gleichgewichtsmenge X*, Gleichgewichtspreis P*, Erlöse E, Kosten (einschließlich externer Kosten) K (+ Ext), Gewinne G, Konsumentenrente KR, volkswirtschaftlicher Gesamtnutzen U^{gesamt} und volkswirtschaftlicher Nettonutzen U^{netto} sein, wenn zwar der angegebene externe Effekt auftreten würde, er aber nicht durch Steuererhebung internalisiert würde?]

d.4) Erläutern Sie, welche Folgen es hätte, wenn zwar eine Subvention [Steuer] zur Internalisierung der externen Nutzen gezahlt [Kosten erhoben] würde, sie aber zu niedrig wäre, sowie, welche Folgen die Zahlung einer zu hohen Subvention [Erhebung einer zu hohen Steuer] hätte.

d.5) Geben Sie unter Verwendung der wesentlichen Aussage des sogenannten „Coase-Theorems" an, wo, soweit dies praktisch durchführbar ist, eine wirksame Internalisierung der externen Effekte noch ansetzen könnte.

Aufgabe II.10

Auf dem Markt für das hier betrachtete Gut existiere eine Nachfragefunktion der Form $X^N = a - b \cdot P$, mit X^N = nachgefragter Menge und P = Preis, sowie a > 0 und b > 0. Der Prohibitivpreis auf diesem Markt liege bei P^{proh} = 11, die Sättigungsmenge bei X^{satt} = 22. Weiter sei die Angebotsfunktion $X^A = 2 \cdot P - 2$ auf diesem Markt gegeben, mit X^A = angebotener Menge und P = Preis. Die Angebotsfunktion ist als langfristige Angebotsfunktion zu interpretieren.

a) Bestimmen Sie die Gleichgewichtsmenge X* und den Gleichgewichtspreis P* auf diesem Markt.

b) Bestimmen Sie für das Gleichgewicht (in Geldeinheiten gemessen) den durch die Produktion der Gleichgewichtsmenge entstehenden volkswirtschaftlichen Gesamtnutzen U^{gesamt}, die Höhe der auf dem Markt erzielten Erlöse E (= Umsatz), die Konsumentenrente KR, die bei dieser Produktion bei den Anbietern entstehenden Kosten K sowie deren Gewinne G und den bei dieser Produktion entstehenden volkswirtschaftlichen Nettonutzen U^{netto}.

c) Die bisher angenommene Angebotsfunktion spiegele nun allerdings nicht die gesamten durch die Produktion entstehenden Kosten wider, weil ein Teil der tatsächlich anfallenden Kosten nicht in die Rechnungen der Marktteilnehmer eingehen. Um die externen Kosten zu internalisieren, wird von den Anbietern pro Stück eine Steuer in Höhe von 2 Geldeinheiten erhoben. Es handelt sich dabei um eine Pigou-Steuer, welche die externen Kosten exakt internalisiert.

c.1) Geben Sie an, wie die neue Angebotsfunktion $X^A = X^A(P)$, die sich aus der Internalisierung der externen Kosten durch die Pigou-Steuer auf diesem Markt ergibt, lautet $X^A = c \cdot P - d$.

c.2) Wie hoch sind Gleichgewichtspreis P* und Gleichgewichtsmenge X* auf dem Markt mit Erhebung dieser „Umwelt"-
(Pigou)-Steuer?

c.3) Bestimmen Sie die Erlöse E, die Kosten (einschließlich der
Steuern) K (mit St), die Gewinne G, die Konsumentenrente KR,
den volkswirtschaftlichen Gesamtnutzen U^{gesamt} und den volkswirtschaftlichen Nettonutzen U^{netto} .

c.4) Stellen Sie die bisherigen Funktionen und Ergebnisse in einem
Koordinatenkreuz graphisch dar.

c.5) Wie hoch würde der volkswirtschaftliche Nettonutzen U^{netto}
sein, wenn zwar der angegebene externe Effekt in Höhe von 2
Geldeinheiten pro Stück auftreten würde, er aber nicht durch
Steuererhebung internalisiert würde?

c.6) Wie hoch würde der volkswirtschaftliche Nettonutzen U^{netto}
sein, wenn zwar der angegebene externe Effekt in Höhe von 2
Geldeinheiten pro Stück auftreten würde, er aber nicht durch
die angegebene Pigou-Steuer internalisiert würde, sondern
statt dessen eine politisch gesetzte Steuer (Standart-Preis-
Ansatz) von **6** Geldeinheiten pro Stück erhoben würde?

Aufgabe II.11

Ein Erholungsort des Landes Utopia ist der Standort zweier Unternehmen A und B. Unternehmen A ist der Anbieter von Tourismus-
leistungen des Ortes. Unternehmen B sei ein landwirtschaftlicher
Betrieb. Auf ihren relevanten Märkten seien die Unternehmen unter
Konkurrenzbedingungen tätig. Ihre jeweiligen Preise sehen die Unternehmen daher als gegeben an, d.h. es wird Mengenanpasserverhalten unterstellt.

Gewinn relevante Angaben für Unternehmung B:

• Umsatzfunktion

Die Unternehmung B gehe von einem Absatzpreis p_A von 20 Geldeinheiten pro Mengeneinheit aus. Die Produktionsmenge X_A sei frei
wählbar. Es gebe keine Kapazitätsgrenze.

- Kostenfunktion

Die Produktionskosten der Unternehmung B unterliegen folgendem Kostenverlauf:

$$K^B\left(X_B\right) = 100 + 0,2 \cdot X_B^2$$

Gewinn relevante Angaben für Unternehmung A:

- Umsatzfunktion

Die Unternehmung A gehe von einem Absatzpreis p_A von 150 Geldeinheiten pro Mengeneinheit aus. Die Produktionsmenge X_A sei frei wählbar. Es gebe keine Kapazitätsgrenze.

- Kostenfunktion

Die von der eigenen Produktionsmenge abhängigen Produktionskosten der Unternehmung B unterliegen folgendem Kostenverlauf:

$$K_P^A\left(X_A\right) = 1000 + 0,1 \cdot X_A^2$$

Neben Produktionskosten habe die Unternehmung A jedoch auch noch Werbungskosten. Die Werbungskosten des Unternehmens bestehen zum einen aus einem vorgegebenen Fixkostenbetrag. Wir nehmen jedoch weiterhin an, dass positive externe Effekte zwischen der Tourismusunternehmung und dem landwirtschaftlichen Betrieb auftreten. Der Standort sei um so attraktiver für den Tourismus je höher die landwirtschaftliche Ausbringungsmenge sei, da die Touristen den Ort Utopia auch wegen des idyllischen Betreibens von Ackerbau und Viehzucht besuchen.

Die Werbungskostenfunktion laute:

$$K_W^A\left(X_A\right) = 30000 - 0,175 \cdot X_B^2$$

a) Bestimmen Sie für Unternehmung A und B jeweils die gewinnmaximalen Ausbringungsmengen und die Gewinne. Unterstellen sie hierbei, dass beide Unternehmungen ihre gewinnmaximale Ausbringungsmenge unabhängig voneinander festlegen.

b) Beide Unternehmungen sollen nun fusioniert werden und als Zielsetzung die Maximierung des gemeinsamen Gesamtgewinns aus beiden Produktionszweigen haben. Bestimmen Sie die optimalen Ausbringungsmengen X_A und X_B und den Gesamtgewinn.

Aufgabe II.12

Ein Ort des Landes Utopia ist der Standort zweier Unternehmen A und B. Unternehmen A ist der Anbieter von Chemieprodukten. Unternehmen B sei ein Fischereibetrieb. Auf ihren relevanten Märkten seien die Unternehmen unter Konkurrenzbedingungen tätig. Ihre jeweiligen Preise sehen die Unternehmen daher als gegeben an, d.h. es wird Mengenanpasserverhalten unterstellt.

Gewinn relevante Angaben für Unternehmung A:

- Umsatzfunktion

Die Unternehmung A gehe von einem Absatzpreis p_A von 200 Geldeinheiten pro Mengeneinheit aus. Die Produktionsmenge X_AH sei frei wählbar. Es gebe keine Kapazitätsgrenze.

- Kostenfunktion

Die Produktionskosten der Unternehmung A unterliegen folgendem Kostenverlauf:

$$K^A(X_A) = 10000 + 0,02 \cdot X_A^2$$

Gewinn relevante Angaben für Unternehmung B:

- Umsatzfunktion

Die Unternehmung B gehe von einem Absatzpreis p_B von 60 Geldeinheiten pro Mengeneinheit aus. Die Produktionsmenge X_B sei frei wählbar. Es gebe keine Kapazitätsgrenze.

- Kostenfunktion

Die von der eigenen Produktionsmenge abhängigen Produktionskosten der Unternehmung B unterliegen folgendem Kostenverlauf:

$$K_P^B(X_B) = 30000 + 0,006 \cdot X_B^2$$

Neben Produktionskosten habe die Unternehmung B jedoch auch noch Kosten aufgrund negativer externer Effekte der Produktion des Gutes A. Diese könnten aus Verunreinigung aufgrund des Produktionsausstoßes von Gut A bestehen. Die externen Kosten für Unternehmung B, verursacht durch Produktion von A, seien:

$$K_E^B(X_A) = 0,005 \cdot X_A^2$$

a) Bestimmen Sie für Unternehmung A und B jeweils die gewinnmaximalen Ausbringungsmengen und die Gewinne. Unterstellen sie hierbei, dass beide Unternehmungen ihre gewinnmaximale Ausbringungsmenge unabhängig voneinander festlegen.

b) Beide Unternehmungen sollen nun fusioniert werden und als Zielsetzung die Maximierung des gemeinsamen Gesamtgewinns aus beiden Produktionszweigen haben. Bestimmen Sie die optimalen Ausbringungsmengen X_A und X_B und den Gesamtgewinn.

c) Nehmen Sie nun an, dass eine Fusion nicht möglich ist. Um den externen Effekt zu internalisieren und eine optimale Produktionsmenge des Gutes A zu gewährleisten, wolle der Staat eine Pigousteuer fordern.

   - Welchen Steuersatz bzw. welche Steuersatzfunktion muss der Staat als Pigou-Produktionssteuer für die Produktion von Gut A festlegen.

   - Ermitteln Sie das Steueraufkommen des Staates, die Produktionsmenge X_A und den Gewinn der Unternehmung A. Es sollen die Daten von Teilaufgabe A weiterhin gelten.

Aufgabe II.13

Manche wirtschaftlichen Aktivitäten verursachen negative externe Effekte (= externe Kosten). Häufig wird gefordert, diese externen Kosten dem Verursacher anzulasten, also dem so genannten "Verursacherprinzip" entsprechend zu internalisieren.

Legen Sie die verschiedenen Bedeutungen des Begriffs "Verursacher" in diesem Sachzusammenhang dar und erläutern Sie, möglichst an einem Beispiel, das so genannte Coase-Theorem.

Aufgabe II.14

Eines der grundlegenden Probleme der Marktwirtschaft besteht darin, dass die vom Markt herbeigeführte Einkommens- und Vermögensverteilung von den Menschen als ungerecht empfunden wird. Geben Sie Gründe an, die für eine staatliche Umverteilung sprechen, und geben Sie ein wichtiges Problem an, das aus staatlicher Umverteilung resultieren kann.

Aufgabe II.15

Zur Wirtschaftsordnungsproblematik:

a) Beim Vergleich der Eignung von Wirtschaftssystemen, zur Knappheitsbewältigung beizutragen, spielt unter anderem das Problem der Gewährung oder Nichtgewährung von Freiheit eine Rolle. Geben Sie die beiden Aspekte an, bezüglich derer Freiheit aus wirtschaftsordnungspolitischer Sicht möglichst weitgehend gewährt sein sollte. [Bedenken Sie bei Ihrer Antwort auch die wirtschaftliche Bedeutung der folgenden Aussage des Wirtschaftsnobelpreisträgers von 1974, *Friedrich August von Hayek*: "Die Vorteile, die ich aus der Freiheit ziehe, sind .. weitgehend das Ergebnis des Gebrauchs der Freiheit durch andere und größtenteils das Ergebnis eines Gebrauchs der Freiheit, den ich selbst nie machen könnte." (*F.A. v. Hayek*, Die Verfassung der Freiheit, 2. Aufl., Tübingen 1983, S. 41.)]

b) Legen Sie dar, worin die *ungeschriebenen Regeln einer Gesellschaft* bestehen, wie sie sich bilden und weiterentwickeln sowie, in welchem Verhältnis die Bedeutung solcher ungeschriebenen Regeln im Allgemeinen zur Bedeutung der geschriebenen Regeln für eine Wirtschaftsordnung stehen.

c) Erläutern Sie vergleichend die Begriffe "Individualethik" und "Ordnungsethik" und legen Sie dar, warum das Heranziehen individualethischer Kriterien bei der wertenden Beurteilung von Wirtschaftssystemen sehr häufig in die Irre führt.

Aufgabe II.16

Erläutern Sie das "*Subsidiaritätsprinzip*" und legen Sie dar, welche Anwendung dieses Prinzips in der Frage der Ausgestaltung einer Wirtschaftsordnung mit dem Begriff "marktwirtschaftliches Subsidiaritätsprinzip" beschrieben wird. Geben Sie dabei auch an, welche Bedeutung dem "marktwirtschaftlichen Subsidiaritätsprinzip" im Rahmen des Konzepts der Sozialen Marktwirtschaft zukommt.

Aufgabe II.17

a) Wie lautet der Name des „Geistigen Vaters" des *Konzepts der Sozialen Marktwirtschaft* und

b) durch wen wurde dieses Konzept in den Anfangsjahren der Bundesrepublik Deutschland maßgeblich verwirklicht?

Aufgabe II.18

Zum System der Sozialen Marktwirtschaft:

a) Zwei grundlegende Prinzipien des Konzepts der Sozialen Marktwirtschaft sind das „*Wettbewerbsprinzip*" und das „*Prinzip der Marktkonformität*". Erläutern Sie diese Prinzipien.

b) Ein weiteres der grundlegenden Prinzipien des Konzepts der Sozialen Marktwirtschaft ist das „*Sozialprinzip*". Erläutern Sie kurz dieses Prinzip in seinen *beiden unterschiedlichen Bedeutungen* innerhalb des Konzepts der Sozialen Marktwirtschaft und nennen Sie jeweils knapp eine *ökonomische* Begründung für dieses Prinzip in seinen beiden Bedeutungen. Erläutern Sie, welcher gesamtwirtschaftlich überaus bedeutsame Konflikt sich bei der Verfolgung der beiden Teilaspekte ergibt.

III. Grundlagen der Kreislaufanalyse, Volkswirt-schaftliches Rechnungswesen und Input-Output-Tabellen und –Analyse (Behrens/Kirspel, S. 223 – 282)

Aufgabe III.1

Füllen Sie die Lücken in nachfolgendem Schema der Inlandspro-duktbegriffe:

Bruttopro-
duktions-
wert

Lagerbil-
dung

Selbster-
stellte
Anlagen
und
Eigenver-
brauch

Mieten*

* incl. Gewinne

Aufgabe III.2

Bitte ergänzen sie:

Bruttoproduktionswert

./.   _____

=   _____

./.   _____

=   _____

./.   _____

+   _____

=   _____

Aufgabe III.3

Warum wird die Unterscheidung bei Inlandsproduktbegriffen „zu Marktpreisen" und „zu Faktorkosten" vorgenommen"?

Aufgabe III.4

In einer Volkswirtschaft

- ☐   wurden in einem Jahr Güter erzeugt in Höhe von 2000,- €;
- ☐   dabei wurden Vorleistungen in Höhe von 700,- € in Anspruch genommen;
- ☐   es trat Kapitalverschleiß von 100,- € auf;
- ☐   die indirekten Steuern beliefen sich auf 150,- €;
- ☐   die Unternehmen erhielten 50,- € Subventionen.

Berechnen Sie folgende Größen:

- **a)**   Bruttoinlandsprodukt zu Marktpreisen
- **b)**   Nettoinlandsprodukt zu Faktorkosten
- **c)**   Nettoinlandsprodukt zu Marktpreisen

Aufgabe III.5

Aus der volkswirtschaftlichen Gesamtrechnung einer geschlossenen Volkswirtschaft entnehmen Sie folgende Angaben (in Mrd.
Geldeinheiten):

Zahlung von Löhnen und Gehältern von Unternehmen an private Haushalte (Arbeitnehmerentgelte von Un-ternehmen)	1700
Zahlung von Beamtengehältern (Gehälter des Staates an private Haushalte)	400
Abschreibung in Unternehmen	500
Abschreibungen des Staates	100
Zins- und Gewinnzahlungen (ausgeschüttete Gewinne) von Unternehmen an Haushalte	800
Konsumnachfrage der privaten Haushalte von Unter-nehmen (Privater Konsum)	2100
Staatskonsum (= Eigenverbrauch des Staates)	700
Direkte Steuern von Unternehmen und Haushalten an den Staat	620
Bruttoinvestitionen der Unternehmen	720
Transferzahlungen des Staates an private Haushalte	100
Indirekte Steuern – Subventionen (= Nettoproduktionsabgaben) ˜	140
Bruttoinvestition des Staates	120
Vorleistungskäufe des Staates bei Unternehmen	200

Berechnen Sie für die Modellwirtschaft:

a)   Bruttoinlandsprodukt zu Marktpreisen

b)   Nettoinlandsprodukt zu Faktorkosten

c)   staatliche Kreditaufnahme

Aufgabe III.6

In einer offenen Volkswirtschaft mit staatlicher Aktivität sind in einer abgelaufenen Periode folgende Geldströme dokumentiert:

Y_H = 310

C_H = 220

M = 60

X = 80

T_H = 40

T_U = 50

A_{St} = 100

Stellen Sie den vollständigen Kreislauf zwischen den beteiligten Wirtschaftsektoren dar:

a) In einem Kreislaufdiagramm mit Polen und Strömen

b) In einem Kontensystem

Aufgabe III.7

Betrachtet sei ein einfaches gesamtwirtschaftliches Kreislaufsystem einer geschlossenen Volkswirtschaft mit Staat, das aus den institutionellen Transaktoren „Unternehmen" **U**, „Private Haushalte" **H** und „Staat" **St** sowie dem funktionellen Transaktor „Vermögensänderungskonto" **VK** besteht. Zwischen den Transaktoren fließen folgende Transaktionen:

Der *Transaktor Unternehmen U* schüttet je Periode an die Privaten Haushalte Einkommen Y aus. Einnahmen verzeichnen die Unternehmen durch die Konsumausgaben C der Privaten Haushalte, die Investitionsausgaben I^a (autonome Investitionen), die als Transaktion zwischen dem Transaktor Vormögensänderungskonto und dem Transaktor Unternehmen aufzufassen sind, und die Staatsausgaben G.

Der *Transaktor Private Haushalte H* verwendet sein Einkommen Y nach Abzug einer an den Staat zu entrichtenden Einkommensteuer $T = \tau \cdot Y$ für Konsumzwecke gemäß der Konsumfunktion

$C = \bar{C} + c \cdot (Y - T)$ mit $\bar{C} > 0$ und $0 < c < 1$. Dabei ist $\bar{C}$, der sogenannte Basiskonsum, eine fest vorgegebene Größe. Was der Transaktor Private Haushalte von seinem verfügbaren Einkommen nicht konsumiert, das spart er. Der zugehörige Strom wird mit S symbolisiert. Konsumiert er mehr als sein verfügbares Einkommen, entspart er, d.h., er verzehrt früher aufgebautes Geldvermögen.

Der *Transaktor Staat St* erwirbt von den Unternehmen Güter im Wert von G. Die Größe dieses Wertes G hänge nur von politischen Entscheidungen bezüglich der Staatsaufgaben ab und nicht von der Höhe der Steuereinnahmen, ist insofern also zunächst als fest vorgegebene Größe G^a (autonome Staatsausgaben) zu betrachten. Der Staat verzeichnet Steuereinnahmen in Höhe von $T = \tau \cdot Y$. Sofern die Ausgaben des Staates die Steuereinnahmen übersteigen, verschuldet sich der Staat in Höhe der Differenz $G^a - T = BD$. Ist diese Differenz negativ, so ist BD als Sparen den Staates aufzufassen.

a) Stellen Sie die Budgetgleichungen der Transaktoren auf, indem Sie links des Gleichheitszeichens die Zuflüsse und rechts davon die Abflüsse mit den oben angegebenen Symbolen eintragen:

Transaktor:	Budgetgleichung	
	Zuflüsse	Abflüsse
U:	_____ =	_____
H:	_____ =	_____
St:	_____ =	_____
VK:	_____ =	_____

Nennen Sie die Transaktoren, deren Budgetgleichungen Gleichgewichtsbedingungen sind. Handelt es sich um ein Kreislaufsystem oder um ein Buchungssystem?

b) Die Werte der folgenden Variablen (exogene Variablen) seinen Ihnen vorgegeben: $\bar{C}$, c, τ, I^a, G^a.

Geben Sie, unter Verwendung der oben angegebenen Symbole für die Ströme, die allgemeine Bestimmungsgleichung für das mit Kreislaufgleichgewicht vereinbare Einkommen (Gleichgewichtseinkommen) Y* an.

Teilaufgabe 1:

1.c) Für die exogenen Variablen sind Ihnen nun die folgenden Werte angegeben:

$$\bar{C} = 75$$
$$c = 0,6$$
$$\tau = 0,375$$
$$I^a = 25$$
$$G^a = 200$$

1.c.1) Ermitteln Sie die Werte der endogenen Variablen Y, C, S, T und BD, die bei den vorgegebenen Werten der exogenen Variablen ein Kreislaufgleichgewicht ergeben. Diese Werte seien als Gleichgewichtswerte bezeichnet und mit einem * gekennzeichnet.

1.c.2) Stellen Sie den Kreislauf unter Angabe der jeweiligen Symbole für die Ströme und deren gleichgewichtiger Werte in Form eines Flussdiagramms dar.

1c.3) Stellen Sie den Kreislauf unter Angabe der jeweiligen Symbole für die Ströme und deren gleichgewichtiger Werte in Form von Konten dar (linke Seite: Zuflüsse; rechte Seite: Abflüsse).

1.d) Die Entscheidungsträger der Wirtschaftspolitik in der betrachteten Volkswirtschaft finden es nicht akzeptabel, dass der Staat sich verschuldet, möchten jedoch von den Staatsleistungen keinen Abstrich machen, so dass G unverändert $G^a = 400$ bleibt. Die Entscheidungsträger erhöhen deshalb unter der (fälschlichen?) Annahme eines gegebenen Volkseinkommens Y*, wie es unter **c)** gefunden wurde, den Einkommensteuersatz auf $\tau = \frac{5}{12}$:

$$\bar{C} = 75$$
$$c = 0,6$$
$$\tau = \frac{5}{12}$$
$$I^a = 25$$
$$G^a = 200$$

1.d.1) Ermitteln Sie die Werte der endogenen Variablen die bei den angegebenen Werten der exogenen Variablen zu einem Kreislaufgleichgewicht führen [Rundung auf 2 Nachkommastellen!]. Diese Werte seien als Gleichgewichtswerte bezeichnet und mit einem * gekennzeichnet (Y^*, C^*, S^*, T^*, BD^*).

1.d.2) Interpretieren Sie das Ergebnis im Vergleich zu dem unter **c)** errechneten Ergebnis für die Gleichgewichtswerte der Variablen.

1.d.3) Wie hoch müsste der Einkommensteuersatz τ sein, damit in unserem hier betrachteten volkswirtschaftlichen Kreislauf im Gleichgewicht bei $G = G^a = 200$ ein ausgeglichener Staatshaushalt mit $G^a = T$ erreicht wird, und wie hoch wären dann Y^* und C^*?

<u>Teilaufgabe 2:</u>

2.c) Für die exogenen Variablen sind Ihnen nun die folgenden Werte angegeben:

$$\bar{C} = 25$$
$$c = 0,8$$
$$\tau = 0,375$$
$$I^a = 50$$
$$G^a = 275$$

2.c.1) Ermitteln Sie die Werte der endogenen Variablen Y, C, S, T und BD, die bei den vorgegebenen Werten der exogenen Variablen ein Kreislaufgleichgewicht ergeben. Diese Werte

seien als Gleichgewichtswerte bezeichnet und mit einem *
gekennzeichnet.

2.c.2) Stellen Sie den Kreislauf unter Angabe der jeweiligen Symbole für die Ströme und deren gleichgewichtiger Werte in Form eines Flussdiagramms dar.

2.c.3) Stellen Sie den Kreislauf unter Angabe der jeweiligen Symbole für die Ströme und deren gleichgewichtiger Werte in Form von Konten dar (linke Seite: Zuflüsse; rechte Seite: Abflüsse).

2.c.4) Stellen Sie den Kreislauf unter Angabe der jeweiligen Symbole für die Ströme und deren gleichgewichtiger Werte in Form einer Matrix dar.

2.d) Die Entscheidungsträger der Wirtschaftspolitik in der betrachteten Volkswirtschaft finden nun einerseits unakzeptabel, dass der Staat sich verschuldet und andererseits nicht gerechtfertigt, wenn der Staat höhere Steuereinnahmen erzielt als er für Ausgaben braucht. Deshalb beschließen die Entscheidungsträger, den Steuersatz unverändert zu lassen aber die Staatsausgaben exakt auf die Höhe der Steuereinnahmen festzulegen: G = T:

$$\bar{C} = 25$$
$$c = 0,8$$
$$\tau = 0,375$$
$$I^a = 50$$

2.d.1) Ermitteln Sie die Werte der endogenen Variablen die bei den angegebenen Werten der exogenen Variablen zu einem Kreislaufgleichgewicht führen. Diese Werte seien als Gleichgewichtswerte bezeichnet und mit einem * gekennzeichnet (Y*, C*, S*, T*, G*).

2.d.2) Interpretieren Sie das Ergebnis im Vergleich zu dem unter **c)** errechneten Ergebnis für die Gleichgewichtswerte der Variablen kurz.

Aufgabe III.8

[In eckigen Klammern: Zahlen/Funktion für alternative Aufgabenstellung.]

Betrachtet sei das Modell einer Volkswirtschaft, in dem der Sektor „Unternehmen" in zwei (endogene) Produktionssektoren 1 und 2 unterteilt wird, die durch Lieferverflechtungen miteinander verbunden sind. Jeder Produktionssektor liefert dabei natürlich *auch* an Unternehmen des eigenen Sektors. Bezüglich der Lieferverflechtungen sei angenommen, dass der Wert der laufenden Inputs eines Sektors proportional von dem Wert des Outputs des Sektors abhängt:

$$X_{ij} = a_{ij} \cdot X_j$$

mit $\quad X_{ij} =$ Wert der Güterlieferung von Sektor i an Sektor j

$a_{ij} =$ Inputkoeffizient mit $0 \le a_{ij} < 1$

$X_j =$ Bruttoproduktionswert des Sektors j

Folgende Inputkoeffizienten gelten in der betrachteten Modellvolkswirtschaft:

$$a_{11} = 0,2 \quad ; \quad a_{12} = 0,25 \quad ; \quad a_{21} = 0,4 \quad ; \quad a_{22} = 0,2$$
$$[a_{11} = 0,2 \quad ; \quad a_{12} = 0,4 \quad ; \quad a_{21} = 0,25 \quad ; \quad a_{22} = 0,2]$$

Die von den übrigen Sektoren der Volkswirtschaft, den so genannten exogenen Sektoren, ausgehende Endnachfrage nach den Produkten des Produktionssektors 1 sei mit Y_1 und die Endnachfrage nach den Gütern des Produktionssektors 2 mit Y_2 bezeichnet. Die Endnachfragen (in Werten gemessen) betragen in der Modellvolkswirtschaft:

$$Y_1 = 100 \quad ; \quad Y_2 = 10$$

Ermitteln Sie anhand dieser Angaben die Bruttoproduktionswerte X_1 und X_2 der beiden Produktionssektoren, die Werte der Vorleistungen X_{11}, X_{12}, X_{21} und X_{22}, sowie die Beiträge zur Bruttowertschöpfung der beiden Produktionssektoren, die mit F_1 und F_2 bezeichnet seien. Tragen Sie die ermittelten Ergebnisse in die folgende (Blanko-)Input-Output-Tabelle, deren Spalten und Zeilen Sie noch zu beschriften haben, ein.

Ermitteln Sie auch den Bruttoproduktionswert und die Bruttowertschöpfung der gesamten Modellvolkswirtschaft und tragen Sie die Ergebnisse mit Beschriftung in geeignete freie Felder der Tabelle ein.

Output an⟍				
Input von⟍				

IV. MIKROÖKONOMISCHE THEORIE: HAUSHALTSTHEORIE, UNTERNEHMENSTHEORIE, MARKTTHEORIE

Aufgabe IV.1

Die Güter A, B, und C kosten:

$p_A = 4,- €$ $p_B = 2,- €$ $p_C = 8,- €$

Ein Haushalt besitzt folgende Grenznutzen-Einschätzung für diese Güter:

	Grenznutzen Gut A	Grenznutzen Gut B	Grenznutzen Gut C
Menge X = 1	24	16	32
X = 2	20	14	16
X = 3	16	12	8
X = 4	12	10	0
X = 5	8	8	0
X = 6	4	6	0

Welche Gütermengen von A, B, C sollte der Haushalt nutzenmaximal einkaufen, wenn ihm ein Einkommen von 30,- € zur Verfügung steht?

Aufgabe IV.2

Beschreiben Sie die vier Hauptsätze der ordinalen Nutzentheorie.

Aufgabe IV.3

Zeigen Sie anhand einer graphischen Darstellung (2-Güter-Fall), wie der Haushalt aus einem Indifferenzkurvensystem seine nutzenmaximale Güterkombination ermittelt. Ein festes Einkommen Ē sowie die Preise der beiden Güter stehen dabei dem Haushalt als Planungsgrundlage zur Verfügung.

Aufgabe IV.4

Zeigen Sie anhand einer graphischen Darstellung das Gesetz der abnehmenden Durchschnittsrate der Substitution in der Haushaltstheorie.

Aufgabe IV.5

In die Nutzenfunktion eines Haushaltes gehen die beiden Güter 1 und 2 mit den Verbrauchsmengen x_1 und x_2 ein: $U = f(x_1, x_2)$. Für den Haushalt gilt die Budgetgleichung $\bar{y} = p_1 x_1 + \bar{p}_2 x_2$, bei der das für den Konsum zur Verfügung stehende Einkommen und der Preis für eine Einheit des Gutes 2 vorgegebene und konstante Größen sind. Der Haushalt konsumiert stets sein Einkommen $\bar{y}$ voll. Der Preis für das Gut 1 ist von dem Haushalt ebenfalls nicht zu beeinflussen. Er steige nun, von einer Ausgangslage aus betrachtet, ceteris paribus einmalig an. Die Situation des Haushalts vor und nach der **Erhöhung von p_1** ist dem folgenden Schaubild zu entnehmen:

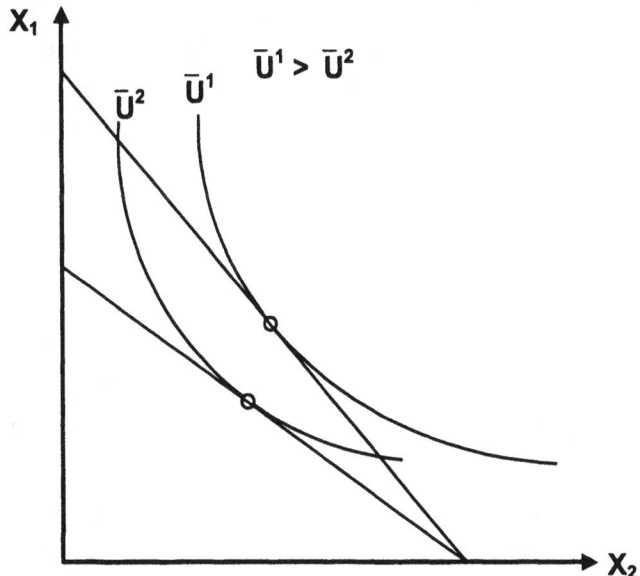

a) Bezeichnen Sie die Achsenabschnitte der beiden Bilanzgeraden.

b) Kennzeichnen Sie die optimalen Verbrauchsmengenkombinationen vor und nach der Preiserhöhung.

c) Zerlegen Sie im Schaubild die Gesamtwirkung der Preiserhöhung auf die beiden optimalen Verbrauchsmengen in den Substitutionseffekt (SE) und den Einkommenseffekt (EE) der Preiserhöhung.

d) Erläutern Sie, warum der Substitutionseffekt der Preisänderung in seiner Richtung immer eindeutig ist.

e) Geben Sie an, um was für Güter es sich bei den Gütern 1 und 2 aus Sicht des betrachteten Haushalts handelt.

Aufgabe IV.6

In die Nutzenfunktion eines Haushaltes gehen die beiden Güter **Knallkörper** und **Sekt** mit den Verbrauchsmengen x_K und x_S ein: $U = f(x_K, x_S)$. Der Haushalt kann zwar bei einem gegebenen Nutzenniveau jeweils Knallkörper durch Sekt oder Sekt durch Knallkörper ersetzen, jedoch auf keines der beiden Güter vollständig verzichten. Der Haushalt hat sich für den Erwerb der beiden Güter Knallkörper und Sekt ein festes Budget (= Konsumsumme C) gegeben, das er vollständig für Knallkörper und Sekt verausgabt: $C = p_S x_S + p_K x_K$. Die Nutzenfunktion des Haushaltes lautet:

$$U = x_S^\alpha \cdot \sqrt{x_K} \quad \text{mit} \quad \alpha = \frac{3}{2}$$

a) Bestimmen Sie die für den Haushalt optimale, d. h. nutzenmaximale, Verbrauchsmengenkombination ($x_K{}^*$, $x_S{}^*$) und deren Nutzen **U***, wenn der Knallkörperpreis bei $p_K = 3,- €$, der Sektpreis bei $p_S = 9,- €$ und die Konsumsumme bei C = 240,- € liegt.

b) Nun habe sich der Preis für Knallkörper aufgrund einer extrem restriktiven Knallstoffpolitik dramatisch verteuert. Der neue

Preis beträgt $p_K^{NEU} = 48,- €$. Nutzenfunktion, Budget und Sekt-preis bleiben unverändert. Bestimmen Sie die neue optimale Verbrauchsmengenkombination (x_K^{*NEU}, x_S^{*NEU}) und das neue zugehörige Nutzenniveau U^{*NEU}.

c) Bestimmen Sie den Substitutionseffekt und den Einkommens-effekt der Erhöhung von p_K und tragen Sie die Mengenwirkun-gen dieser beiden Effekte bezüglich der Nachfrage nach Knall-körpern x_K und der nach Sekt x_S sowie die zugehörigen Ge-samteffekte in die folgende Tabelle ein:

	Mengenwirkung bezüglich x_K	Mengenwirkung bezüglich x_S
Substitutionseffekt		
Einkommenseffekt		
Gesamteffekt		

Aufgabe IV.7

Die Nutzenfunktion eines repräsentativen Haushalts bezüglich der Güter 1 und 2 in Abhängigkeit von den Verbrauchsmengen der bei-den Güter x_1 und x_2 lautet:

$$U = (x_1 + 10) \cdot x_2$$

a) In welcher Beziehung stehen diese beiden Güter aus der Sicht des betrachteten Haushaltes zueinander?

b) Geben Sie für ein konstantes Nutzenniveau $\bar{U}$ die Funktion der Indifferenzkurve

$$x_1 = f(x_2) \quad \text{bei} \quad U = \bar{U} = konst.$$

an, sowie die Grenzrate der Substitution des Faktors 1 durch den Faktor 2.

Die vom Haushalt zu akzeptierenden Preise der beiden Güter betragen: p_1 = 20,- GE und p_2 = 40,- GE. Der Haushalt erreicht bei Geltung dieser Preise für die Güter 1 und 2 ein Nutzenniveau von U = 800, wobei er sein volles verfügbares Einkommen y als Konsumsumme verwendet und dabei eine nutzenmaximierende Verbrauchsmengenkombination {= optimaler Verbrauchsplan (x_1^*, x_2^*)} wählt.

c) Wie hoch ist das Einkommen dieses Haushalts und welche nutzenmaximierenden Verbrauchsmengen x_1^* und x_2^* wählt der Haushalt?

Nun steige auf Grund der sehr *starken Verknappung einer* zur Herstellung des Gutes 1 *erforderlichen natürlichen Ressource* ceteris paribus der (vom Haushalt hinzunehmende) Preis des Gutes 1 auf p_1 = 200,- GE. Das verfügbare Einkommen y des Haushaltes ändert sich dadurch nicht, und es wird weiterhin vom Haushalt voll für den Erwerb der Güter verausgabt.

d) Welche optimalen Verbrauchsmengen $x_1^*{}_{neu}$ und $x_2^*{}_{neu}$ wird der Haushalt nun wählen und welches Nutzenniveau U_{neu} erreicht er damit?

e) Welches Nutzenniveau U würde der Haushalt mit der ihm zur Verfügung stehenden Konsumsumme (= verfügbares Einkommen) erreichen, wenn er auch nach der angegebenen Erhöhung des Preises p_1 die Güter 1 und 2 *im gleichen Verhältnis* wie vor der Preiserhöhung konsumierte? (Bitte auf eine Nachkommastelle runden!!)

f) Erläutern Sie, welche Bedeutung der Substitutionseffekt der Preiserhöhung für den repräsentativen Haushalt und für die Nutzung der verknappten natürlichen Ressource hat.

g) Wie groß wären die Änderungen der Verbrauchsmengen x_1 und x_2 (bezeichnet als Δx_1 und Δx_2) durch die angegebene Änderung des Preises p_1 *allein auf Grund des Substitutionseffektes* der Preiserhöhung? (Bitte auf zwei Nachkommastellen runden!!)

h) Ermitteln Sie, welches verfügbare Einkommen y_{Subst} der Haushalt benötigen würde, damit er nach der Preiserhöhung von p_1

= 20,- GE auf p_1 = 200,- GE die Verbrauchsmengenkombination, *die sich allein aus dem Substitutionseffekt (Anmerkung: Also bei Einkommenskompensation!) ergeben würde*, erwerben könnte.

Aufgabe IV.8

Ein Haushalt mit der Nutzenfunktion $U = x_1^2 \cdot x_2$ verbraucht die Mengen x_1 = 10 und x_2 = 3.

a) Wie hoch sind bei dieser Verbrauchsmengenkombination die Grenznutzen der Güter 1 und 2?

b) Wie hoch ist die Grenzrate der Substitution bei der angegebenen Verbrauchsmengenkombination?

Aufgabe IV.9

Ein Haushalt habe folgende Cobb-Douglas-Nutzenfunktion

$U = f(x_1, x_2)$:

$$U = x_1^{0,25} \cdot x_2^{0,75}$$

Die Preise der beiden Güter betragen: P_1 = 7,50 € und P_2 = 30,- €. Der Haushalt verfügt über ein Einkommen von Y = 1200,- €, das er vollständig für den Erwerb der Güter 1 und 2 verwendet.

a) Ermitteln Sie den optimalen Verbrauchsplan des Haushalts, also die Verbrauchsmengen x_1* und x_2*, die unter der einzuhaltenden Budgetbeschränkung zu einem maximalen Nutzen führen. Berechnen Sie auch das im Haushaltsoptimum erreichte Nutzenniveau U*.

b) Nun steigt der Preis des Gutes 2 auf 60,- €. Der Preis des Gutes 1 und das Einkommen des Haushalts in € ändern sich nicht.

b.1) Ermitteln Sie den neuen optimalen Verbrauchsplan des Haushalts x_1*^{neu} und x_2*^{neu} und das neue erreichte Nutzenniveau.

b.2) Ermitteln Sie den Substitutionseffekt der Preiserhöhung. [Bearbeitungshinweis: Nehmen Sie dazu die neue Steigung der Bilanzgeraden und die alte Indifferenzkurve.] Berechnen Sie den Einkommenseffekt der Preisänderung. Tragen Sie die Ergebnisse in die folgende Tabelle ein:

	Mengenänderung bezüglich Gut 1	Mengenänderung bezüglich Gut 2
Substitutionseffekt		
Einkommenseffekt		

b.3) Geben Sie an, in welcher Beziehung die Güter aus Sicht des Haushaltes zueinander stehen und ob es sich aus seiner Sicht um inferiore Güter oder um superiore Güter handelt.

Aufgabe IV.10

[In eckigen Klammern: Zahlen/Funktionen für alternative Aufgabenstellung.]

(1) Die Nutzenfunktion eines repräsentativen Haushalts bezüglich der Güter 1 und 2 in Abhängigkeit von den Verbrauchsmengen der beiden Güter x_1 und x_2 lautet:

$$U = \left(x_1 + 10\right) \cdot x_2 - 2$$

a) Die vom Haushalt zu akzeptierenden Preise der beiden Güter betragen: $p_1 = 4$,- GE und $p_2 = 10$,- GE. Dem Haushalt steht als Konsumsumme c das Einkommen $y = 22$,- GE zur Verfügung. Der Haushalt verwendet sein gesamtes Einkommen für den Konsum.

    1. Wie lauten die Grenznutzenfunktionen für die beiden Güter?

    2. Wie lautet die Grenzrate der Substitution des Gutes 1 durch das Gut 2?

3. Wie lautet der optimale Verbrauchsplan $(x_1{}^*, x_2{}^*)$ für diesen Haushalt? Welches Nutzenniveau U erreicht der Haushalt bei dieser Verbrauchsmengenkombination?

b) Aus Gründen, die der Haushalt nicht kennt und die er nicht beeinflussen kann, ändern sich plötzlich die Preise der beiden Güter auf p_1 = 1,- GE [p_1 = 16,- GE] und p_2 = 40,- GE [p_2 = 2,- GE]. Sein Einkommen (= Konsumsumme) bleibt unverändert bei y = 22,- GE.

Wie lautet jetzt der optimale Verbrauchsplan $(x_1{}^*_{neu}, x_2{}^*_{neu})$ für diesen Haushalt? Welches Nutzenniveau U_{neu} erreicht der Haushalt bei dieser Verbrauchsmengenkombination?

(2) Nun steige auf Grund einer erfolgreichen Werbemaßnahme für Gut 1, die das Gut in den Augen der Konsumenten begehrenswerter macht, die Nutzwirkung des Konsums des Gutes 1, so dass nunmehr die folgende Nutzenfunktion gilt:

$$U = (x_1 + 2) \cdot (x_2 + 2) - 4$$

a) Welche Wirkung hat diese Werbemaßnahme auf den optimalen Verbrauchsplan, wenn die Preise der beiden Güter p_1 = 4,- GE und p_2 = 10,- GE betragen und dem Haushalt als Konsumsumme c weiterhin das Einkommen y = 22,- GE zur Verfügung steht, das der Haushalt vollständig für den Konsum verwendet?

Wie lautet der neue optimale Verbrauchsplan $(x_1{}^*_w, x_2{}^*_w)$ nach der Werbemaßnahme für diesen Haushalt?

Das nach der Werbemaßnahme bei dieser Verbrauchsmengenkombination vom Haushalt erreichte Nutzenniveau U_W hat welche Höhe?

Vergleichen Sie diese Ergebnisse kurz mit den Ergebnissen in der Situation vor der Werbemaßnahme [unter **(1) a)**] und beurteilen Sie die Werbemaßnahme aus volkswirtschaftlicher Sicht.

b) Aus Gründen, die der Haushalt nicht kennt und die er nicht beeinflussen kann, betragen die vom Haushalt weiterhin zu akzeptierenden Preise der beiden Güter nach der Werbemaßnahme plötzlich p_1 = 1,- GE [p_1 = 16,- GE] und p_2 = 40,- GE

[p_2 = 2,- GE]. Sein Einkommen (= Konsumsumme) bleibt unverändert bei y = 22,- GE.

Wie lautet jetzt der optimale Verbrauchsplan nach der Werbemaßnahme für diesen Haushalt ($x_1^*{}_{neuW}$, $x_2^*{}_{neuW}$)? Welches Nutzenniveau U_{neuW} erreicht der Haushalt bei dieser Verbrauchsmengenkombination?

Aufgabe IV.11

Der Nutzen eines Haushaltes wird durch den Konsum der Güter X und Y bestimmt.

Die Nutzenfunktion lautet: $U = U(X,Y) = X^{0,3} \cdot Y^{0,7}$

a) Berechnen Sie die Grenzrate der Substitution.

b) Kauft der HH die Mengen X = 5 und Y = 5 ein, so beträgt sein Nutzen U (5,5) = 5. Wie hoch ist in diesem Punkt die Grenzrate der Substitution?

c) In der nachfolgenden Tabelle sind verschiedene Kombinationen aus X und Y aufgeführt, die jeweils einen Nutzen von 5 stiften. Ergänzen Sie die Tabelle:

Gut X	Gut Y	Grenznutzen in Bezug auf Gut x	Grenznutzen in Bezug auf Gut y	Grenzrate der Substitution
2	7,405			
5	5			
10	3,715			
20	2,761			
30	2,319			

d) Welche Tendenz zeigt die letzte Spalte der Tabelle an?

Aufgabe IV.12

Ein Haushalt kann für zwei Güter x und y maximal **1.698,- €** ausgeben. Wo liegen die nutzenmaximalen Einkaufsmengen der beiden Güter, wenn gilt:

Preis von Gut x: **24,- €**

Preis von Gut y: **30,- €**

Nutzenfunktion des Haushaltes:

$$U = U(x,y) = 960x - 3x^2 + 900y - 3y^2$$

Wie können Sie die Richtigkeit ihrer Lösung überprüfen?

Aufgabe IV.13

Nach eingehender Analyse seiner Präferenzen ist Herr H. in der Lage, seine Nutzenfunktion U für zwei Güter x_1 und x_2 zu bestimmen:

$$U = x_1^{0,2} \cdot x_2^{0,8}$$

Herr H. möchte nun die für ihn nutzenmaximalen Mengen an x_1 und x_2 bestimmen. Das ihm für den Konsum zur Verfügung stehende Budget beträgt 600,- €. Der Preis für eine Einheit von x_1 beträgt p_1 = 20,- € und der Preis für eine Einheit x_2 liegt bei p_2 = 30,- €.

Berechnen Sie mittels der Lagrange-Funktion die nutzenmaximalen Mengen von x_1 und x_2.

Aufgabe IV.14

Ermitteln Sie mittels der Lagrange-Funktion das Haushaltsoptimum eines Haushaltes unter folgenden Voraussetzungen:

Nutzenfunktion: $U = x_1^{0,5} \cdot x_2^{0,5}$

Konsum-Summe: **300 GE**

Preis von Gut x_1: **10,- GE**

Preis von Gut x_2: **30,- GE**

Aufgabe IV.15

Die Nutzenfunktion eines Haushalts enthalte seinen Konsum c und seine Freizeit T_F als Argumente. Sie laute:

$$U = (c - 5) \cdot T_F$$

Der Haushalte verfüge über ein Zeitpotential von monatlich 480 Stunden. Dieses kann er für Arbeit T_A und Freizeit T_F einsetzen.

Es gilt demnach:

$$480 = T_F + T_A$$

Der Haushalt beziehe Einkommen aus Arbeit. Sein Stundenlohn betrage 40 Geldeinheiten pro Stunde. Der Haushalt habe zusätzlich fest vorgegebene Kapitaleinkünfte von 405 Geldeinheiten pro Monat. Der Haushalt gebe seine gesamten Einkünfte für Konsumzwecke aus (Ersparnis = 0; Konsum = Einkommen).

a) Berechnen Sie die nutzenmaximierenden Mengen von Konsum, Arbeit und Freizeit. Wie hoch ist der Nutzen des Haushalts im Optimum. Wie hoch ist das gewünschte monatliche Arbeitseinkommen des Haushalts?

b) Der Stundenlohn des Haushalts steige auf 80 Geldeinheiten pro Stunde.

 1. Berechnen Sie die nutzenmaximierenden Mengen von Konsum, Arbeit und Freizeit. Wie hoch ist der Nutzen des Haushalts im Optimum. Wie hoch ist das gewünschte monatliche Arbeitseinkommen des Haushalts?

 2. Der Gesamteffekt der Lohnerhöhung lässt sich in einen Substitutionseffekt und einen Vermögenseffekt aufteilen. Ermitteln Sie für das Zahlenbeispiel folgende Werte:

- Höhe des Substitutionseffekts auf den Konsum

- Höhe des Vermögenseffekts auf den Konsum

- Höhe des Gesamteffekts auf den Konsum

Aufgabe IV.16

Die Nutzenfunktion eines Haushalts enthalte seinen Konsum c und seine Freizeit T_F als Argumente. Sie laute:

$$U = 700 \cdot c - 0,05 \cdot c^2 + 10000 \cdot T_F - 10 \cdot T_F^2$$

Der Haushalte verfüge über ein Zeitpotential von monatlich 360 Stunden. Dieses kann er für Arbeit T_A und Freizeit T_F einsetzen.

Es gilt demnach:

$$360 = T_F + T_A$$

Der Haushalt beziehe Einkommen aus Arbeit. Sein Stundenlohn betrage 20 Geldeinheiten pro Stunde. Der Haushalt habe zusätzlich fest vorgegebene Kapitaleinkünfte von 800 Geldeinheiten pro Monat. Der Haushalt gebe seine gesamten Einkünfte für Konsumzwecke aus (Ersparnis = 0; Konsum = Einkommen).

a) Berechnen Sie die nutzenmaximierenden Mengen von Konsum, Arbeit und Freizeit. Wie hoch ist der Nutzen des Haushalts im Optimum. Wie hoch ist das gewünschte monatliche Arbeitseinkommen des Haushalts?

b) Die Kapitaleinkünfte des Haushalts sinken auf 50 Geldeinheiten. Berechnen Sie die nutzenmaximierenden Mengen von Konsum, Arbeit und Freizeit. Wie hoch ist der Nutzen des Haushalts im Optimum. Wie hoch ist das gewünschte monatliche Arbeitseinkommen des Haushalts?

c) Der Stundenlohn des Haushalts sinke auf 10 Geldeinheiten pro Stunde. Die Kapitaleinkünfte des Haushalts seien wieder 800 Geldeinheiten. Berechnen Sie die nutzenmaximierenden Mengen von Konsum, Arbeit und Freizeit. Wie hoch ist der Nutzen des Haushalts im Optimum. Wie hoch ist das gewünschte monatliche Arbeitseinkommen des Haushalts?

Aufgabe IV.17

Ein Ein-Personen-Haushalt habe folgende Nutzenfunktion, nach der der Nutzen **U** von der täglichen Freizeit **F** und vom täglich erzielten Einkommen **Y** (als Repräsentant für das erworbene Güterbündel) abhängt:

$$U = (F+2)\cdot(Y+72) - 144$$

a)   Geben Sie an, in welcher Beziehung die Güter **F** und **Y** aus Sicht des Haushaltes zueinander stehen:

b)   Täglich stehen dem hier betrachteten Haushalt 16 Stunden zur Nutzung als Freizeit **F** oder Arbeitszeit **AZ** zur Verfügung. Die übrigen 8 Stunden des Tages sind fest für den Schlaf vorgesehen.

In der Ausgangssituation kann der Haushalt seine Arbeitskraft zum Lohnsatz w von w = 24,- Geldeinheiten pro Stunde [GE/Std.] einsetzen. Bezüglich der Wahl der täglichen Arbeitszeit sei der Haushalt bis auf die Minute genau völlig frei.

b.1) Geben Sie die Budgetgleichung des Haushaltes an.

b.2) Ermitteln Sie die für den Haushalt nutzenmaximale Aufteilung der täglich verfügbaren 16 Stunden auf Freizeit **F** und Arbeitszeit **AZ** sowie sein Tageseinkommen **Y** mit Hilfe der Lagrange-Methode. [Anmerkung zur Bearbeitung: Schreiben Sie zur Aufnahme der Nebenbedingung in die Lagrange-Funktion die Budgetgleichung des Haushaltes so, dass die Variablen Y und F auf der gleichen Seite der Gleichung stehen! Der Lagrange-Multiplikator sei mit dem Buchstaben λ bezeichnet]

Ergänzen Sie die folgende (noch unvollständige) Lagrange-Funktion:

$$U_L = \qquad\qquad + \lambda \cdot$$

Geben Sie die Bedingungen 1. Ordnung für ein Maximum der Lagrange-Funktion an: ($\frac{\partial U_L}{\partial F} = ?$, $\frac{\partial U_L}{\partial Y} = ?$, $\frac{\partial U_L}{\partial \lambda} = ?$)

[Anmerkung: Sofern Sie die Lagrange-Methode (noch) nicht beherrschen, können Sie die im folgenden gefragten Werte dieser Aufgabe auch unmittelbar durch Anwendung des 2. Gossenschen Gesetzes ermitteln!]

Berechnen Sie aus den Bedingungen 1. Ordnung die nutzenmaximale Freizeit **F*** und das nutzenmaximale Einkommen **Y*** gemäß dem 2. Gossenschen Gesetz. Ermitteln Sie zudem die Arbeitszeit im Nutzenmaximum **AZ*** sowie das erreichte Nutzenniveau **U***.

*Nunmehr werde der Lohnsatz **w**, zu dem der Haushalt seine Arbeitskraft einsetzen kann, veränderlich. Unterstellt sei, dass der Haushalt bei jedem beliebigen Lohnsatz seine Zeiteinsätze nutzenmaximal gestaltet, er also bei jedem beliebigen Lohnsatz seine obige Nutzenfunktion unter der Nebenbedingung der Budgetgleichung maximiert. Dem Haushalt stehen weiterhin täglich 16 Stunden zur Verfügung.*

b.3) Geben sie jeweils als Funktion des Lohnsatzes w die nutzenmaximierende Freizeit **F*(w)** und die nutzenmaximierende Arbeitszeit **AZ*(w)** an [Anmerkung: Nehmen Sie die obigen Bedingungen 1. Ordnung bzw. das 2. Gossensche Gesetz zu Hilfe.]

b.4) Tragen Sie die nutzenmaximierenden Werte für Freizeit **F***, Arbeitszeit **AZ***, Einkommenshöhe **Y*** und das erreichte Nutzenniveau **U*** für die in der folgenden Tabelle angegebenen Lohnhöhen **w** in die Tabelle ein:

w	F*	AZ*	Y*	U*
10				
18				
24				
36				
40				

Aufgabe IV.18

Stellen Sie im folgenden Quadranten eines Koordinatenkreuzes den typischen Verlauf der Arbeitsangebotskurve A^A in Abhängigkeit vom Lohnsatz l (wie er schon von *W. Launhardt* erklärt wurde) grafisch dar, und erläutern Sie ganz kurz die unterscheidbaren Bereiche und die (zu kennzeichnenden und zu benennenden) Lohnsätze, anhand derer die Grenzen der entsprechenden Bereiche der Arbeitsangebotskurve definiert sind:

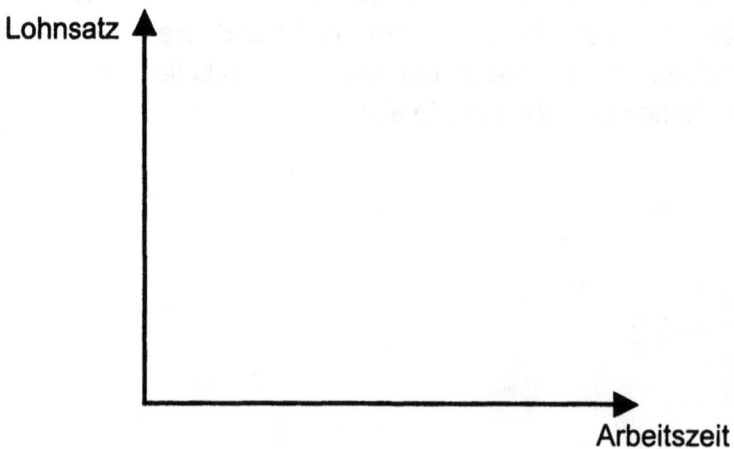

Lohnsatz ↑

Arbeitszeit →

Aufgabe IV.19

Ein Haushalt habe einen Zeithorizont von 2 Perioden und folgende Nutzenfunktion:

$$U = c_1 \cdot (c_2 + 220)$$

c_1 und c_2 seien der Konsum der Perioden 1 und 2.

Der Haushalte erhalte in Periode 1 ein gegebenes Einkommen von 4000 Geldeinheiten und in Periode 2 ein gegebenes Einkommen von 4400 Geldeinheiten. Der Haushalt kann in Periode 1 jederzeit Geld zum Zinssatz R aufnehmen oder Geld anlegen. Zins und Tilgung sind jeweils in Periode 2 fällig. Der Haushalt soll keine Vererbung von Geldvermögen planen.

a) Der Zinssatz R sei 10%. Berechnen Sie den optimalen Konsum in den Perioden 1 und 2 und die Höhe der Ersparnis in Periode 1.

b) Das erwartete Einkommen des Haushaltes verändere sich. Das Einkommen des Haushaltes betrage in Periode 1 6000 und in Periode 2 6600 Geldeinheiten. Der Zinssatz sei weiterhin 10%. Ermitteln Sie das neue Optimalergebnis. Berechnen Sie die neuen Werte für den optimalen Konsum in den Perioden 1 und 2 und die Ersparnis in der Periode 1.

c) Das erwartete Einkommen des Haushaltes verändere sich erneut. Das Einkommen des Haushaltes betrage in Periode 1 8000 und in Periode 2 4400 Geldeinheiten. Der Zinssatz sei weiterhin 10%. Ermitteln Sie das neue Optimalergebnis. Berechnen Sie die neuen Werte für den optimalen Konsum in den Perioden 1 und 2 und die Ersparnis in der Periode 1.

Aufgabe IV.20

Ein Haushalt habe einen Zeithorizont von 2 Perioden und folgende Nutzenfunktion:

$$U = c_1^{0,5} + c_2^{0,5}$$

c_1 und c_2 seien der Konsum der Perioden 1 und 2.

Der Haushalte erhalte in Periode 1 ein gegebenes Einkommen von 2000 Geldeinheiten und in Periode 2 ein gegebenes Einkommen von 1100 Geldeinheiten. Der Haushalt kann in Periode 1 jederzeit Geld zum Zinssatz R aufnehmen oder Geld anlegen. Zins und Tilgung sind jeweils in Periode 2 fällig. Der Haushalt soll keine Vererbung von Geldvermögen planen.

a) Der Zinssatz R sei 10%. Berechnen Sie den optimalen Konsum in den Perioden 1 und 2 und die Höhe der Ersparnis in Periode 1.

b) Der Zinssatz steige auf 20%. Ermitteln Sie das neue Optimalergebnis. Berechnen Sie die neuen Werte für den optimalen Konsum in den Perioden 1 und 2 und die Ersparnis in der Periode 1.

Aufgabe IV.21

Wie sieht die Engelsche Kurve im Normalfall aus und wie bei einem inferioren und einem superioren Gut?

Aufgabe IV.22

Erläutern Sie die Begriffe *„Einkommen-Konsum-Kurve"*, *„Einkommen-Nachfrage-Kurve"*, *„Engelsche Kurve"*, *„Mikroökonomische Konsumfunktion"* und *„Preis-Konsum-Kurve"* und geben Sie an, auf welchen dieser Fälle sich das *„Engel-Schwabesche-Gesetz"* bezieht und was es aussagt.

Aufgabe IV.23

Gegeben sei ein „Privater Haushalt" mit der Nutzenfunktion $U = f(x_1, x_2)$. Dabei ist U = Nutzenniveau, x_1 = Verbrauchsmenge des Gutes 1 und x_2 = Verbrauchsmenge des Gutes 2. Die beiden *mikroökonomischen Konsumfunktionen* dieses Haushalts lauten wie folgt:

$$C_1 = \frac{1}{4}y \quad \text{und} \quad C_2 = \frac{3}{4}y,$$

mit C_1 = Für das Gut 1 verausgabte Konsumsumme, C_2 = Für das Gut 2 verausgabte Konsumsumme und y = Verfügbares Einkommen des Haushalts = Gesamte Konsumsumme des Haushalts. Der Preis des Gutes 1 ist p_1 = 10,- €, der des Gutes 2 ist p_2 = 5,- €.

a) Ermitteln Sie aus den Angaben die beiden *Einkommen-Nachfrage-Kurven* des Haushalts und geben Sie die jeweiligen Funktionen an.

b) Ermitteln Sie aus den Angaben die zugehörige *Einkommen-Konsum-Kurve* (EKK) des Haushalts und geben Sie die entsprechende Funktion als Funktion $x_1 = f(x_2)$.

c) Erläutern Sie die Begriffe „inferiores Gut" und „superiores Gut" und geben Sie an, um was für Güter es sich bei den beiden Gütern 1 und 2 für den betreffenden Haushalt handelt.

Aufgabe IV.24

Ein Staat stellt seinen Bürgern ein Gut mit der Menge x_0 zur freien Nutzung zur Verfügung. Es handele sich dabei um ein Privates Gut, d. h., wenn eine Einheit von diesem Gut von einem Bürger konsumiert wird, dann kann sie nicht mehr von einem anderen Bürger konsumiert werden und ein Ausschluss von der Nutzung ist prinzipiell *möglich*. Die Finanzierung erfolgt durch einen von der Höhe des Einkommens der jeweiligen Bürgerin bzw. des jeweiligen Bürgers abhängigen Zwangsbeitrag, unabhängig vom Konsum des Gutes durch den einzelnen Beitragszahler.

Bezüglich des Gutes existiere eine normal verlaufende lineare (Marshallsche) Nachfragefunktion mit dem Prohibitivpreis p^{proh} und der Sättigungsmenge x^s, mit $x^s > x_0$.

a) Schildern Sie unter Zuhilfenahme eines Preis-Mengen-Diagramms die ökonomischen Probleme, die aus der angegebenen Bereitstellungsregelung folgen.

b) Zeigen Sie unter Zuhilfenahme eines Preis-Mengen-Diagramms die grundsätzlichen Möglichkeiten der Behebung der unter **a)** geschilderten ökonomischen Probleme.

c) Bei dem Gut handele es sich aus der Sicht der nachfragenden Haushalte um *ein inferiores Gut*. Was folgt daraus hinsichtlich der unter **b)** angeführten Maßnahmen in einer wachsenden Wirtschaft?

Aufgabe IV.25

Erläutern Sie den:

a) Snob-Effekt

b) Veblen-Effekt

c) Mitläufereffekt

Aufgabe IV.26

Der typische Haushalt hat drei ökonomische Grundprobleme: Das Problem des Erwerbs von Einkommen, das Problem der Verwendung des erzielten Einkommens und das Problem der Vermögensanlage.

a) Skizzieren Sie das Problem des Erwerbs von Einkommen, wobei Sie angeben,

- welche Einkommensarten man unterscheidet und aus welchem Vorgang das jeweilige Einkommen resultiert,

- wie je nach Art des Einkommens seine Höhe jeweils bestimmt wird und

b) Skizzieren Sie knapp das Problem der Vermögensanlage, wobei Sie *auch* die fünf möglichen Formen der Vermögenshaltung (nach M. Friedman) und die daraus fließenden Erträge angeben sollen.

Aufgabe IV.27

Bei einer Umfrage des Verbandes der Bierhersteller wird eine Preiselastizität der Nachfrage von E = 1,5 ermittelt.

Im Zeitpunkt t_0 liegt die Nachfrage bei einem Durchschnittspreis von 2,- €/Liter bei 1 Mill. Liter Bier/Jahr.

a) Um wie viel Liter wird die Nachfrage zurückgehen, wenn der Bierpreis in t_1 auf 2,20 €/Liter ansteigt?

b) Auf wie viel Euro wäre der Bierpreis zu senken, wenn die Bierindustrie statt 1 Mill. Liter Bier in t_1 nun 1,6 Mill. Liter verkaufen möchte?

Aufgabe IV.28

a) Welchen ökonomischen Sachverhalt beschreibt die Einkommenselastizität der Nachfrage?

b) Ein Haushalt gibt Ihnen die folgenden Informationen:

„Mein Einkommen ist gestiegen, deshalb kaufe ich heute mehr von Gut x als früher. Meine Einkommenselastizität in bezug auf Gut x beträgt 1,5. Früher habe ich über ein Einkommen von 3000,- € verfügt. Heute kaufe ich von Gut x 75 ME ein, damit 15 ME mehr als früher."

Wie hoch ist das Einkommen des Haushaltes heute?

c) Berechnen Sie aus den folgenden Angaben die direkte Preiselastizität der Nachfrage:

	Menge	Preis
Alte Kombination	1300	140
Neue Kombination	1150	165

Aufgabe IV.29

a) Berechnen Sie aus den nachfolgenden Angaben die Einkommenselastizität der Nachfrage:

Bei einem Einkommen von 1.000,- € wurden 30 ME eines Gutes nachgefragt. Nun erhöht sich das Einkommen auf 1.600,- €. Aus der Einkommenserhöhung resultiert eine neue Nachfragemenge mit 60 ME.

b) Berechnen Sie aus den nachfolgenden Angaben die Preiselastizität der Nachfrage:

Alte Kombination	Menge x = 1300	Preis p = 130
Neue Kombination	Menge x = 1150	Preis p = 165

c) Um den Benzinverbrauch aus Gründen des Umweltschutzes zu verringern, wird eine Erhöhung des Benzinpreises empfohlen. Welcher Benzinpreis wäre erforderlich, wenn die Nachfrage nach Benzin um 30% zurückgehen soll, der gegenwärtige Benzinpreis bei 1,50 € liegt und die Preiselastizität der Nachfrage für Benzin von einem Institut für Verbraucherforschung mit 0,3 ermittelt wurde?

Aufgabe IV.30

Je nach der Reaktion der Nachfrage auf die Veränderung anderer Variabler unterscheidet man in der Haushaltstheorie verschiedene Gutstypen/Güterbeziehungen. Kennzeichnen Sie die jeweiligen Gutstypen/Güterbeziehungen zu den folgenden Elastizitäten [Dabei bezeichnet z. B. ε_{ab} die Elastizität der Variablen a in Bezug auf die Variable b]. Es bedeuten: x_1 = nachgefragte Menge des Gutes 1; y = Haushaltseinkommen; p_1 = Preis des Gutes 1; p_2 = Preis des Gutes 2.

Elastizität:	Kennzeichnung der Güter/der Güterbeziehungen:
$0 < \varepsilon_{x_1 y} < 1$	
$1 < \varepsilon_{x_1 y} < \infty$	
$\varepsilon_{x_1 y} < 0$	
$\varepsilon_{x_1 y} = 0$	
$\varepsilon_{x_1 p_2} > 0$	
$\varepsilon_{x_1 p_2} < 0$	
$\varepsilon_{x_1 p_2} = 0$	
$\varepsilon_{x_1 p_1} < 0$	
$\varepsilon_{x_1 p_1} > 0$	

Aufgabe IV.31

Eine moderne Sicht der Theorie der Unternehmung begreift die Unternehmung als Koalition aus Individuen, die durch ihre Teilhabe bzw. Teilnahme am Unternehmen ihre persönlichen Ziele erreichen wollen. Geben Sie an, welche *vier Gruppen* von Individuen (ohne Zulieferern und Kunden), *die wesentlichen Einfluss auf das Unternehmensgeschehen haben*, als Firmenteilnehmer sinnvoll zu unterscheiden sind, welche persönlichen Ziele das jeweils typische Gruppenmitglied durch seine Mitwirkung am Unternehmen verfolgt und in welchem Unternehmensziel diese Ziele zusammenkommen, so dass die Verfolgung dieses gemeinsamen Zieles im Interesse aller Teilhaber bzw. Teilnehmer liegt.

Aufgabe IV.32

Das Unternehmen OKTOPROD GMBH hat die Möglichkeit, zur Herstellung des von ihm mit Hilfe der beiden Produktionsfaktoren i (i = 1, 2) produzierten Gutes unter acht Produktionsprozessen limitationaler Produktionsfunktionen mit konstanten Produktionskoeffizienten zu wählen. Eine beliebige Menge $x = \bar{x}$ kann natürlich auch hergestellt werden, indem das Unternehmen Teilmengen von $\bar{x}$ auf verschiedenen der möglichen Prozesse herstellt.

Zur Kennzeichnung der Produktionsprozesse können Sie der folgenden Tabelle die für eine Produktion von x= 60 auf den einzelnen Prozessen k (k = I, ..., VIII) erforderlichen Faktoreinsatzmengen v_{ik} (Einsatzmenge des Faktors i im Prozess k) entnehmen.

Aufgabe: Geben Sie in der letzten Spalte der Tabelle den Homogenitätsgrad der zu dem entsprechenden Prozess gehörenden Produktionsfunktion an.

Einsatzmengen v_{ik} der Produktionsfaktoren i (i = 1, 2) im Prozess k (k = I, ..., VIII) für x = 60			Homogenitätsgrad t der zugehörigen Produktionsfunktion
Prozess k	v_{1k}	v_{2k}	
I	24	3	$t_I =$
II	16	4	$t_{II} =$
III	18	5	$t_{III} =$
IV	12	8	$t_{IV} =$
V	10	12	$t_V =$
VI	6	16	$t_{VI} =$
VII	5	27	$t_{VII} =$
VIII	4	30	$t_{VIII} =$

a) Geben Sie an, welche der angegebenen Produktionsprozesse technisch effiziente Prozesse sind:

b) Die Preise der Produktionsfaktoren i (i = 1, 2) betragen pro Faktoreinheit p_i. Zur Ermittlung der Kosten K werden die Faktoreinsatzmengen v_i mit ihren Preisen p_i bewertet:
$$K = p_1 \cdot v_1 + p_2 \cdot v_2.$$

b.1) Welcher Prozess ist bzw. welche Prozesse sind ökonomisch effizient, wenn p_1= 120,- € und p_2 = 90,- € sind?

b.2) Welche Kosten verursacht die ökonomisch effiziente Produktion der Ausbringungsmenge x = 150?

b.3) Pro abgesetzter Ausbringungseinheit erzielt das Unternehmen OKTOPROD GMBH einen Preis von $p_x = 43,- €$. Wie hoch ist der Gewinn G (G = Erlös – Kosten = E – K, mit E = $p_x \cdot x$), wenn das Unternehmen in der entsprechenden Planungsperiode eine Nachfrage von x = 120 Stück befriedigt und diese Ausbringungsmenge ökonomisch effizient produziert?

Aufgabe IV.33

Das Unternehmen *Duoflott Ltd.* hat die Möglichkeit, zur Herstellung des von ihm mit Hilfe der beiden Produktionsfaktoren i (i = 1, 2) produzierten Gutes unter zwei Produktionsprozessen linear-limitationaler Produktionsfunktionen (Leontief-Produktionsfunktionen) zu wählen. Auf jedem dieser beiden Produktionsprozesse kann das beliebig teilbare Gut hergestellt werden.

Zur Kennzeichnung der beiden Produktionsprozesse können Sie der folgenden Tabelle die für eine Produktion von $\bar{x} = 100$ auf den einzelnen Prozessen k (k = I, II) erforderlichen Faktoreinsatzmengen v_{ik} (Einsatzmenge des Faktors i im Prozess k) entnehmen:

Einsatzmengen v_{ik} der Produktionsfaktoren i (i = 1, 2) im Prozess k (k = I, II) für $\bar{x} = 100$		
Prozess k:	v_{1k}	v_{2k}
I	18	9
II	12	18

Das Unternehmen *Duoflott Ltd.* befindet sich in der betrachteten Planungsperiode in der langfristigen Entscheidungssituation und möchte die Menge $x = \bar{x} = 100$ herstellen und zum Preis von $p_x = 7,70 €$ verkaufen.

a) Zeichnen Sie die Prozesse unter Kennzeichnung der jeweiligen Produktionspunkte für $\bar{x} = 100$ in ein Koordinatenkreuz mit den Achsen v_1 und v_2 ein. [Benutzen Sie kariertes Papier.]

74

b) Das Unternehmen *Duoflott Ltd.* möchte nun auf jeden Fall sicherstellen, dass jeder der beiden Prozesse in die Produktion mit mindestens einem Drittel der Gesamtproduktion einbezogen wird, damit die an den entsprechenden Maschinen beschäftigten Arbeitnehmer ihre spezifischen Produktionskenntnisse nicht verlieren. Geben Sie an, welche Faktoreinsatzmengen v_1 und v_2 das Unternehmen *Duoflott Ltd.* einsetzen muss, wenn es

Fall 1) einen Anteil von 1/3 der Produktion von $\bar{x}$ auf Prozess **I**, den Rest auf Prozess **II** herstellt:

$v_1 = $ _____

$v_2 = $ _____

Fall 2) einen Anteil von 1/3 der Produktion von $\bar{x}$ auf Prozess **II**, den Rest auf Prozess **I** herstellt:

$v_1 = $ _____

$v_2 = $ _____

Tragen Sie die beiden Ergebnisse in das von Ihnen gezeichnete Koordinatensystem mit den beiden Prozessen ein.

Ermitteln Sie, welche dieser beiden Möglichkeiten die ökonomisch sinnvollere ist, wenn die Preise der Produktionsfaktoren der Firma *Duoflott Ltd.* vorgegeben und konstant sind und $p_1 = 28{,}-$ € und $p_2 = 21{,}-$ € betragen.

Berechnen Sie, welchen Gewinn das Unternehmen *Duoflott Ltd.* in diesem ökonomisch sinnvolleren der beiden Fälle erzielt.

Geben Sie an, um welchen Betrag dieser Gewinn größer ist als der Gewinn, der im anderen der beiden angegebenen Fälle entstünde.

Ermitteln Sie, um welchen Betrag in dem ökonomisch sinnvolleren der beiden Fälle der Gewinn kleiner ist als bei in der Planungsperiode ökonomisch effizienter Produktion. (Ermitteln Sie also die Kosten, die die Firma auf sich nimmt, um den Bestand an bezüglich der Herstellungsverfahren spezifischen Kenntnissen und Fertigkeiten ihrer Mitarbeiterschaft zu erhalten).

c) Ermitteln Sie für die oben angegebenen beiden Prozesse, welche Faktoreinsatzmengen v_1 und v_2 das Unternehmen **Duoflott Ltd.** einsetzen muss, wenn es allgemein einen Anteil von λ der Produktion von $\bar{x}$ auf Prozess **I** und den Rest, also einen Anteil von $(1-\lambda)$, auf Prozess **II** herstellt, wobei gilt: $0 < \lambda < 1$.

Geben Sie v_1 und v_2 als Funktionen der Variablen λ bei konstanter Produktion von $\bar{x}$ an, also $v_1(\lambda)$ und $v_2(\lambda)$.

Aufgabe IV.34

Das Unternehmen **Wirk & Sam Ltd.** hat die Möglichkeit, zur Herstellung des von ihm mit Hilfe der beiden Produktionsfaktoren i (i = 1, 2) produzierten Gutes unter zehn Produktionsprozessen limitationaler Produktionsfunktionen (Leontief-Produktionsfunktionen) zu wählen. Eine beliebige Menge $x = \bar{x}$ kann natürlich auch hergestellt werden, indem das Unternehmen Teilmengen von $\bar{x}$ auf verschiedenen der möglichen Prozesse herstellt.

Zur Kennzeichnung der Produktionsprozesse können Sie der folgenden Tabelle die für eine Produktion von $\bar{x} = 100$ auf den einzelnen Prozessen k (k = **I**, ..., **X**) erforderlichen Faktoreinsatzmengen v_{ik} (Einsatzmenge des Faktors i im Prozess k) entnehmen:

Einsatzmengen v_{ik} der Produktionsfaktoren i (i = 1, 2) im Prozess k (k = I, ..., X) für $\bar{x}$ = 100		
Prozess k:	v_{1k}	v_{2k}
I	20	3
II	16	5
III	12	6
IV	15	9
V	11	8
VI	10	11
VII	8	12
VIII	8	17
IX	7	20
X	6	23

a) Zeichnen Sie die Prozesse unter Kennzeichnung der jeweiligen Produktionspunkte für $\bar{x}$ = 100 in ein Koordinatenkreuz mit den Achsen v_1 und v_2 ein. Benutzen Sie dazu kariertes Papier oder Millimeterpapier.

b) Ermitteln Sie die technisch effizienten Produktionsprozesse. Kennzeichnen Sie in Ihrem Schaubild die technisch nicht effizienten Prozesse und zeichnen Sie die Isoquante für $\bar{x}$ = 100 in das Schaubild ein!

c) Die Preise der Produktionsfaktoren i (i = 1, 2) betragen pro Faktoreinheit p_i Zur Ermittlung der Kosten K werden die Faktoreinsatzmengen v_i mit ihren Preisen p_i bewertet: $K = p_1 \cdot v_1 + p_2 \cdot v_2$.

Zeichnen Sie die Isokostengerade bei p_1 = 150,- € und p_2 = 200,- € für die gilt, dass die Ausbringungsmenge $\bar{x}$ = 100 mit minimalen Kosten hergestellt wird [Minimalkostenkombination] in Ihr Schaubild ein! Ermitteln Sie den oder die bei diesen Preisen *ökonomisch effizienten Produktionsprozess/-prozesse*.

d) Die *Wirk & Sam Ltd.* befindet sich nun zunächst in der langfristigen Entscheidungssituation. Ermitteln Sie – unter Verwendung der vorhandenen Angaben bezüglich der Produktionskoeffizienten und der Preise für die Produktionsfaktoreinheiten – die langfristige Kostenfunktion $K_l(x)$ bei ökonomisch effizienter Produktion und geben Sie die zugehörige Grenzkostenfunktion dK_l/dx und Durchschnittskostenfunktion K_l/x an.

e) Nunmehr habe die *Wirk & Sam Ltd.* ihre Investitionen in den Faktor 1 vorgenommen, woraus sich in der kurzfristigen Entscheidungssituation eine fixe Faktoreinsatzmenge des Faktors 1 von $\bar{v}_1 = 18$ ergibt, die in der jetzt betrachteten Planungsperiode nicht variiert werden kann, (wohl aber einfach ungenutzt bleiben kann). Die Einsatzmenge des Faktors 2 v_2 kann hingegen variiert werden.

Ermitteln Sie – unter Verwendung der vorhandenen Angaben bezüglich der Produktionskoeffizienten und der Preise für die Produktionsfaktoreinheiten – die in dieser Entscheidungssituation geltende kurzfristige Kostenfunktion $K(x)$ und geben Sie die zugehörige Grenzkostenfunktion dK/dx und Durchschnittskostenfunktion K/x an.

f) Pro abgesetzter Einheit des hergestellten Gutes erzielt die *Wirk & Sam Ltd.* einen Preis von $p_x = 21,- €$. Die *Wirk & Sam Ltd.* ist ein Unternehmen, das seinen Gewinn maximiert.

1. Angenommen, die *Wirk & Sam Ltd.* befände sich in der beschriebenen *kurzfristigen Entscheidungssituation* (mit $\bar{v}_1 = 18$). Welche Ausbringungsmenge würde die Firma dann zu produzieren planen, und wie hoch wäre die Differenz zwischen Erlösen und Kosten in diesem Falle, wenn alle produzierten Ausbringungseinheiten auch zu dem angegebenen Preis von $p_x = 21,- €$ abgesetzt werden können?

2. Nun befände sich die *Wirk & Sam Ltd.* in der beschriebenen *langfristigen Entscheidungssituation*. Welche Ausbringungsmenge würde die Firma dann bei Einhaltung der Minimalkostenkombination zu produzieren planen, und wie hoch wäre die Differenz zwischen Erlösen und Kosten in

78

diesem Falle, wenn alle produzierten Ausbringungseinheiten auch zu dem angegebenen Preis von $p_x = 21,- €$ abgesetzt werden können?

Aufgabe IV.35

Das Unternehmen *Triprozess GmbH* hat die Möglichkeit, zur Herstellung des von ihm mit Hilfe der beiden Produktionsfaktoren i (i = 1, 2) produzierten Gutes unter drei Produktionsprozessen linear-limitationaler Produktionsfunktionen (Leontief-Produktionsfunktionen) zu wählen. Auf jedem dieser drei Produktionsprozesse kann das beliebig teilbare Gut hergestellt werden. Zur Kennzeichnung der drei Produktionsprozesse können Sie der folgenden Tabelle die für eine Produktion von $\bar{x} = 100$ auf den einzelnen Prozessen k (k = I, II, III) erforderlichen Faktoreinsatzmengen v_{ik} (Einsatzmenge des Faktors i im Prozess k) entnehmen:

Einsatzmengen v_{ik} der Produktionsfaktoren i (i = 1, 2) im Prozess k (k = I, II, III) für $\bar{x} = 100$		
Prozess k:	v_{1k}	v_{2k}
I	12	18
II	15	15
III	18	9

Das Unternehmen *Triprozess GmbH* befindet sich in der betrachteten Planungsperiode in der langfristigen Entscheidungssituation und möchte die Menge $x = \bar{x} = 100$ herstellen und zum Preis von $p_x = 23,10 €$ pro Stück verkaufen.

a) Ermitteln Sie den oder die Prozesse, der/die für die Firma *Triprozess GmbH* ökonomisch effizient ist/sind, wenn die Faktorpreise vorgegeben und konstant sind und $p_1 = 84,- €$ und $p_2 = 63,- €$ betragen. Ermitteln Sie sodann die Kosten, die entstehen, wenn die Firma *Triprozess GmbH* x = 100 Stück ökonomisch effizient produziert. Geben Sie an, welchen Gewinn die Firma *Triprozess GmbH* erzielt.

b) Nun erhöht sich der Preis für den Faktor 1 auf p_1 = 94,50 €. Der Preis für den Faktor 2 bleibt bei p_2 = 63,- €. Geben Sie den oder die Prozesse an, die bei diesen Faktorpreisen für die Firma *Triprozess GmbH* ökonomisch effizient sind und ermitteln Sie die Kosten für 100 Stück. Ermitteln Sie, welchen Gewinn die Firma *Triprozess GmbH* jetzt erzielt.

c) Geben Sie an, ob sich unter den drei Prozessen, die der Firma *Triprozess GmbH* zur Verfügung stehen einer befindet, der bei keinerlei Preisen für die Produktionsfaktoren und für das produzierte Gut ökonomisch effizient sein kann. Wenn ein solcher Prozess darunter ist, geben Sie eine kurze Begründung, warum er niemals ökonomisch effizient sein kann.

d) Geben Sie die Homogenitätsgrade aller drei Produktionsprozesse der Produktionsfunktion der Firma *Triprozess GmbH* an. Erläutern Sie kurz, was die ermittelten Homogenitätsgrade bedeuten. Ermitteln Sie zudem die Skalenelastizität für jeden der drei Prozesse und erläutern Sie kurz deren Bedeutung.

Aufgabe IV.36

Stellen Sie graphisch dar, warum bei limitationalen Produktionsmitteln die Suche nach der Minimalkostenkombination nicht erforderlich ist.

Aufgabe IV.37

Ein Unternehmen möchte einen Küchenstuhl produzieren. Er besteht aus vier Stuhlbeinen, einer Sitzfläche, einer Rückenlehne, acht 12-mm-Schrauben und zwei 20-mm-Schrauben.

Dem Unternehmen stehen insgesamt 75 Sitzflächen, 320 Stuhlbeine, 80 Rückenlehnen, 400 12-mm-Schrauben und 210 20-mm-Schrauben als Input-Faktoren zur Verfügung.

Wie viel Stühle lassen sich maximal herstellen?

Aufgabe IV.38

a) Skizzieren Sie den Verlauf von:

1. Gesamtertragskurve

2. Durchschnittsertragskurve

bei partieller Faktorvariation einer Produktionsfunktion des Cobb-Douglas-Typs (mit einem festen und einem kontinuierlich erhöhten Produktionsfaktor).

b) Wie sieht die Gesamtertragskurve mit einem festen und einem kontinuierlich erhöhten Produktionsfaktor bei einer linear-limitationalen Produktionsfunktion aus?

Aufgabe IV.39

a) Gegeben ist eine Produktionsfunktion:

$$x = c \cdot v_1^{\lambda} \cdot v_2^{1-\lambda} \; ; c = const.; 0 < \lambda < 1$$

Es soll der Faktor v_1 variiert werden, während der Faktor $\bar{v}_2$ konstant gehalten wird.

Wie sehen – bezogen auf Faktor v_1 – Grenzertragsfunktion und Durchschnittsertragsfunktion aus?

b) Ergänzen Sie:

Der _____ ertrag liegt stets um

das _____ -fache über

dem _____ ertrag.

Aufgabe IV.40

a) Gegeben ist eine Produktionsfunktion:

$$x = c \cdot v_1^{\lambda} \cdot v_2^{(1-\lambda)}$$

mit   c = 5

$$\lambda = 0,3$$

$$v_2 = \overline{v_2} = 99,32467559$$

Wie lauten Grenzertrags- und Durchschnittsertragsfunktion bei partieller Faktorvariation von v_1?

b) Bitte tragen Sie ein:

Die Durchschnittsertragsfunktion liegt um das _____ -fache über der Grenzertragsfunktion.

c) Stellen Sie in einer Graphik den Verlauf der beiden Kurven dar.

d) Nun sei angenommen, dass mit den Faktoren v_1 und v_2 eine konstante Produktionsmenge $\overline{x} = 200$ hergestellt werden kann (d.h. eine isoquante Faktorvariation möglich ist).

Wie lautet dann die Isoquantengleichung für $\overline{x} = 200$?

Aufgabe IV.41

Bitte ergänzen Sie:

Bei partieller Faktorvariation .... konstant gehalten.

Bei totaler Faktorvariation .... konstant gehalten.

Bei isoquanter Faktorvariation.. konstant gehalten.

Aufgabe IV.42

Erläutern Sie unter Verwendung einer grafischen Darstellung die folgenden Formen der Variation von Produktionsfaktoren bei Vorliegen einer substitutionalen Produktionsfunktion: a) Isoquante Faktorvariation, b) Proportionale Faktorvariation, c) Partielle Faktorvariation. [Die Einsatzmengen der Produktionsfaktoren 1 bzw. 2 werden mit v_1 bzw. v_2 bezeichnet.]

Welche Art von Faktorvariation liegt im Falle eines Expansionspfades (Minimalkostenkombination für verschiedene Outputniveaus) bei gegebenen Faktorpreisen vor?

Aufgabe IV.43

Das Unternehmen **Varioflex GmbH** produziert das von ihm hergestellte Gut mit Hilfe einer sehr flexiblen Technik, die durch eine substitutionale Produktionsfunktion vom Cobb-Douglas-Typ beschrieben werden kann. Die Produktionsfunktion lautet:

$$x = c \cdot v_1^{\alpha} \cdot v_2^{\beta} \quad \text{mit} \quad c = 4; \quad \alpha = 0,5; \quad \beta = \frac{1}{3}$$

Dabei bezeichnet x die Ausbringungsmenge der Firma **Varioflex GmbH**, v_1 die Einsatzmenge des Produktionsfaktors 1 und v_2 die Einsatzmenge des Produktionsfaktors 2. Die Preise der Produktionsfaktoren i (i = 1, 2) betragen pro Faktoreinheit p_i. Zur Ermittlung der Kosten K werden die Faktoreinsatzmengen v_i mit ihren Preisen p_i bewertet: $K = p_1 \cdot v_1 + p_2 \cdot v_2$.

Aufgrund der verfügbaren Produktionstechnologie könnte die Firma **Varioflex GmbH** sich sehr flexibel an unterschiedlichste Umstände anpassen, hätte sie sich nicht bezüglich der Einsatzmenge des Produktionsfaktors 1 durch frühere Entscheidungen langfristig auf $\bar{v}_1 = 25$ festgelegt. Sie kann in der hier betrachteten Planungsperiode also nur durch Variation der Einsatzmenge des Faktors 2, v_2, unterschiedliche Ausbringungsmengen erzeugen.

a) Die Preise der Produktionsfaktoren betragen nun in der Planungsperiode: p_1 = 2700,- € und p_2 = 80,- €.

a.1) Ermitteln Sie unter Berücksichtigung der angegebenen Faktorpreise die *Kostenfunktion* K(x) [Kosten K in Abhängigkeit von der Ausbringungsmenge x]. Geben Sie an, wie hoch die *Fixkosten* K_f der Varioflex GmbH sind und wie hoch die *variablen Kosten* K_v in Abhängigkeit von der Ausbringungsmenge sind. Geben Sie des Weiteren die *fixen Stückkosten* k_f, die *variablen Stückkosten* k_v, die *totalen Stückkosten* k und die *Grenzkosten* K´ als Funktionen von x an.

a.2) Geben Sie an, bei welcher Ausbringungsmenge x = x_{kmin} die Unternehmung *Varioflex* GmbH ihr Stückkostenminimum erreicht. Wie hoch sind bei dieser Ausbringungsmenge die Stückkosten k? Wie hoch sind bei dieser Ausbringung die variablen Stückkosten k_v? Wie hoch sind bei dieser Ausbringungsmenge die Grenzkosten K'?

a.3) Hinsichtlich des Preises p_x des von der Firma produzierten Gutes ist das Unternehmen *Varioflex* GmbH Preisnehmer. Das Unternehmen *Varioflex* GmbH handelt so, dass in der Planungsperiode unter den gegebenen Umständen der Gewinn maximiert wird.

Der Preis p_x liegt in der Planungsperiode bei p_x = 1875,- €. Geben Sie an, welche Menge $x(G_{max})$ das Unternehmen *Varioflex* GmbH bei diesem Preis herstellt, um seinen Gewinn zu maximieren, und geben Sie an, wie groß die *Deckungsspanne* DS, der *Deckungsbeitrag* DB und der *Gewinn* G des Unternehmens *Varioflex* GmbH in der betrachteten Planungsperiode sind?

Wie hoch muss der Preis p_x mindestens sein, damit das Unternehmen sein Produkt in der Planungsperiode überhaupt auf dem Markt gewinnbringend anbietet kann?

Aufgabe IV.44

Die **FLEX & IBEL OHG** produziert das von ihr hergestellte Schmiermittel *Flutsch* mit Hilfe einer substitutionalen Produktionsfunktion vom Cobb-Douglas-Typ:

$$x = c \cdot v_1^{\alpha} \cdot v_2^{\beta} \quad \text{mit} \quad c = 4; \quad \alpha = 0,5; \quad \beta = 0,5$$

Dabei bezeichnet x die Ausbringungsmenge (gemessen in Liter, wobei jede Teilmenge produziert und verkauft werden kann) von *Flutsch* der Firma **FLEX & IBEL OHG**, v_1 die Einsatzmenge des Produktionsfaktors 1 und v_2 die Einsatzmenge des Produktionsfaktors 2. Die Preise der Produktionsfaktoren i (i = 1, 2) betragen pro Faktoreinheit p_i. Zur Ermittlung der Kosten K werden die Faktoreinsatzmengen v_i mit ihren Preisen p_i bewertet: $K = p_1 \cdot v_1 + p_2 \cdot v_2$.

Die Preise der Produktionsfaktoren seien konstant und betragen $p_1 = 90,- €$ und $p_2 = 22,50 €$. Sie gelten in jedem Fall über die gesamte jeweils betrachtete Planungsperiode der Firma.

a) Zunächst befindet sich die Firma **FLEX & IBEL OHG** in der langfristigen Entscheidungssituation, da noch keine Investitionen mit Kapitalbindung vorgenommen wurden. Ermitteln Sie die langfristige Kostenfunktion der Firma **FLEX & IBEL OHG** $K_l(x)$ und geben Sie den Preis für eine Einheit von *Flutsch* p_F an, dessen Höhe überschritten werden muss, damit die Firma **FLEX & IBEL OHG** in der langfristigen Entscheidungssituation entscheidet, die Produktion aufzunehmen. Diesen Preis bezeichnen wir als p_{Fmin}.

b) Nun habe die Firma **FLEX & IBEL OHG** sich bezüglich der Einsatzmenge des Produktionsfaktors 2 durch eine langfristig bindende Investitionsentscheidung auf $\bar{v}_2 = 9$ festgelegt. Sie kann in der nunmehr betrachteten Planungsperiode demnach nur durch Variation der Einsatzmenge des Faktors 1 unterschiedliche Produktionsniveaus x erzeugen.

Geben Sie an, wie die (kurzfristige) Kostenfunktion K(x) der Firma **FLEX & IBEL OHG** in der betrachteten Planungsperiode lautet?

Geben Sie zudem die zugehörige Grenzkostenfunktion

$$\frac{dK}{dx} = K'(x),$$

die Funktion der variablen Stückkosten $\frac{K_v}{x} = k_v(x)$

und die Funktion der totalen Stückkosten $\frac{K}{x} = \frac{K_f}{x} + \frac{K_v}{x} = k(x)$

an.

c.1) Geben Sie an, bei welcher Ausbringungsmenge $x = x_{kmin}$ die Firma **FLEX & IBEL OHG** ihr Stückkostenminimum erreicht, wie hoch bei dieser Ausbringungsmenge die Stückkosten $k = K/x$ sind, wie hoch bei dieser Ausbringung die variablen

Stückkosten $k_v = K_v/x$ sind und wie hoch bei dieser Ausbringungsmenge die Grenzkosten $K' = dK/dx$ sind.

c.2) Hinsichtlich des Preises des Schmiermittels *Flutsch*, p_F, ist die Firma FLEX & IBEL OHG Preisnehmer. Die Firma FLEX & IBEL OHG handelt, wie es sich für ein gutes Unternehmen gehört, natürlich so, dass in der Planungsperiode unter den gegebenen Umständen der Gewinn maximiert wird.

c.2.1) Der Preis p_F liegt in der Planungsperiode zufällig genau 2,50 € über den Stückkosten im Stückkostenminimum $k(x_{kmin})$. Welchen Gewinn erzielt das Unternehmen in der betrachteten Planungsperiode?

c.2.2) Geben Sie an, wie hoch der Preis p_F mindestens sein muss, damit das Unternehmen in der Planungsperiode überhaupt auf dem Markt für das Schmiermittel *Flutsch* anbietet ($p_F > p_{Fmin}$).

c.2.3) Bei welchem Preis würde die Firma FLEX & IBEL OHG in der Planungsperiode genau 120 Liter *Flutsch* produzieren und anbieten ($p_F = p_{F\,x=120}$)? Wie hoch wäre dann ihr Gewinn G?

c.2.4) Wenn der Preis für das Schmiermittel *Flutsch* bei p_F = 11,- € liegt, wieviele Liter x des Schmiermittels *Flutsch* würde die Firma FLEX & IBEL OHG in der Planungsperiode dann herstellen und verkaufen? Geben Sie an, wie hoch bei dieser Menge die Deckungsspanne DS ist, wie hoch der Deckungsbeitrag DB ist und wie hoch der Gewinn/Verlust G ist.

Aufgabe IV.45

[In eckigen Klammern: Zahlen/Funktionen für alternative Aufgabenstellung.]

Das Unternehmen TEILFLEX AG produziert das von ihm hergestellte Gut *Supernutz* mit Hilfe einer überaus flexiblen substitutionalen Produktionsfunktion vom Cobb-Douglas-Typ:

$$x = c \cdot v_1^\alpha \cdot v_2^\beta \quad \text{mit} \quad c = 0,25; \quad \alpha = 0,5; \quad \beta = 2$$

$$[x = c \cdot v_1^\alpha \cdot v_2^\beta \quad \text{mit} \quad c = 2,5; \quad \alpha = 0,5; \quad \beta = 1]$$

Dabei bezeichnet x die Ausbringungsmenge von *Supernutz* der Firma TEILFLEX AG, v_1 die Einsatzmenge des Produktionsfaktors 1 und v_2 die Einsatzmenge des Produktionsfaktors 2.

Die Preise der Produktionsfaktoren i (i = 1, 2) betragen pro Faktoreinheit p_i . Zur Ermittlung der Kosten K werden die Faktoreinsatzmengen v_i mit ihren Preisen p_i bewertet: $K = p_1 \cdot v_1 + p_2 \cdot v_2$.

a) Aufgrund der verfügbaren Produktionstechnologie könnte die Firma TEILFLEX AG sich sehr flexibel an unterschiedlichste Umstände anpassen. Allerdings hat sich die TEILFLEX AG bezüglich der Einsatzmenge des Produktionsfaktors 2 durch frühere Entscheidungen langfristig auf $\bar{v}_2 = 4$ [$\bar{v}_2 = 16$] festgelegt. Sie kann sich in der hier betrachteten Planungsperiode also nur durch Variation der Einsatzmenge des Faktors 1 an unterschiedliche Produktionsniveaus anpassen.

Wie lautet (in den bis hierher angegebenen Symbolen) die Kostenfunktion in Abhängigkeit von der Ausbringungsmenge der Unternehmung TEILFLEX AG in der betrachteten Planungsperiode?

b) Die Preise der Produktionsfaktoren betragen nun in der Planungsperiode: p_1 = 4,- GE [p_1 = 80,- GE] und p_2 = 900,- GE [p_2 = 125,- GE].

b.1) Geben Sie an, bei welcher Ausbringungsmenge x = x_{kmin} die Unternehmung TEILFLEX AG ihr Stückkostenminimum erreicht. Wie hoch sind bei dieser Ausbringungsmenge die Stückkosten k = K/x? Wie hoch sind bei dieser Ausbringung die variablen Stückkosten k_v = K_v/x? Wie hoch sind bei dieser Ausbringungsmenge die Grenzkosten K´ = dK/dx?

b.2) Hinsichtlich des Preises des Gutes *Supernutz*, ps, ist das Unternehmen TEILFLEX AG Preisnehmer. Das Unternehmen TEILFLEX AG handelt, wie es sich für ein gutes Unternehmen gehört, natürlich so, dass in der Planungsperiode unter den gegebenen Umständen der Gewinn maximiert wird.

b.2.1) Der Preis ps liegt in der Planungsperiode zufällig genau 10% über den Stückkosten im Stückkostenminimum k(x_{kmin}). Welchen Gewinn erzielt das Unternehmen in der betrachteten Planungsperiode?

b.2.2) Wie hoch muss der Preis ps mindestens sein, damit das Unternehmen in der Planungsperiode überhaupt auf dem Markt für das Gut *Supernutz* anbietet (ps > ps$_{min}$)?

b.2.3) Bei welchem Preis würde die **TEILFLEX AG** in der Planungsperiode genau 100 Stück [150 Stück] *Supernutz* produzieren und anbieten (ps = ps$_{x=100}$) [(ps = ps$_{x=150}$)]?

Aufgabe IV.46

Das Unternehmen **ALTERPROD AG** produziert das von ihm hergestellte Gut mit Hilfe einer substitutionalen Cobb-Douglas-Produktionsfunktion:

$$x = c \cdot v_1^{\alpha} \cdot v_2^{\beta} \quad \text{mit} \quad c = 2,5; \quad \alpha = 0,5; \quad \beta = 0,5$$

Dabei bezeichnet x die Ausbringungsmenge der Firma **ALTERPROD AG**, v_1 die Einsatzmenge des Produktionsfaktors 1 und v_2 die Einsatzmenge des Produktionsfaktors 2. Die Preise der Produktionsfaktoren i (i = 1, 2) betragen pro Faktoreinheit p_i. Zur Ermittlung der Kosten K werden die Faktoreinsatzmengen v_i mit ihren Preisen p_i bewertet.

Aufgrund der verfügbaren Produktionstechnologie könnte die Firma **ALTERPROD AG** sich sehr flexibel an unterschiedlichste Umstände anpassen, hätte sie sich nicht bezüglich der Einsatzmenge des Produktionsfaktors 2 durch frühere Entscheidungen langfristig auf $\bar{v}_2 = 16$ festgelegt. Sie kann sich in der hier betrachteten Planungsperiode also nur durch Variation der Einsatzmenge des Faktors 1 an unterschiedliche Produktionsniveaus anpassen.

a) Die Preise der Produktionsfaktoren betragen nun in der Planungsperiode: p_1 = 120,- € und p_2 = 187,50 €.

a.1) Ermitteln Sie unter Berücksichtigung der angegebenen Faktorpreise die Kostenfunktion K(x) [Kosten K in Abhängigkeit von der Ausbringungsmenge x]. Geben Sie an, wie hoch die Fixkosten K_f der **ALTERPROD AG** sind und wie hoch die variablen Kosten K_v in Abhängigkeit von der Ausbringungsmenge sind.

a.2) Geben Sie an, bei welcher Ausbringungsmenge $x = x_{kmin}$ die Unternehmung **ALTERPROD AG** ihr Stückkostenminimum erreicht. Wie hoch sind bei dieser Ausbringungsmenge die Stückkosten $k = K/x$? Wie hoch sind bei dieser Ausbringung die variablen Stückkosten $k_v = K_v/x$? Wie hoch sind bei dieser Ausbringungsmenge die Grenzkosten $K' = dK/dx$?

a.3) Hinsichtlich des Preises des von der Firma produzierten Gutes px ist das Unternehmen **ALTERPROD AG** Preisnehmer. Das Unternehmen **ALTERPROD AG** handelt so, dass in der Planungsperiode unter den gegebenen Umständen der Gewinn maximiert wird. Der Preis px liegt in der Planungsperiode zufällig genau 20% über den Stückkosten im Stückkostenminimum $k(x_{kmin})$. Welchen Gewinn erzielt das Unternehmen in der betrachteten Planungsperiode?

Wie hoch muss der Preis px mindestens sein, damit das Unternehmen sein Produkt in der Planungsperiode überhaupt auf dem Markt anbietet ($px > px_{min}$)?

Aufgabe IV.47

Eine Unternehmung setze zur Produktion eines Gutes die folgende substitutionale Produktionsfunktion vom Cobb-Douglas-Typ ein:

$$x = c \cdot v_A^\alpha \cdot v_K^\beta \quad \text{mit} \quad c = 0,8; \quad \alpha = 0,4; \quad \beta = 0,5$$

Dabei bezeichnet x die Ausbringungsmenge (gemessen in Stück), v_A die Einsatzmenge des Produktionsfaktors Arbeit und v_K die Einsatzmenge des Produktionsfaktors Kapital.

Für jede Mengeneinheit Kapitals ist ein Kapitalkostensatz von 0,2 Geldeinheiten zu zahlen. Für jede Arbeitsstunde ist ein Lohnsatz von 18 Geldeinheiten bezahlen.

a) Der Unternehmer wolle eine Produktionsmenge von 1000 Mengeneinheiten mit minimalen Kosten produzieren. Berechnen Sie die Minimalkostenkombination. Wie hoch sind in der

Minimalkostenkombination die optimalen Einsatzmengen von Arbeit und Kapital. Wie hoch sind die Kosten?

b) Der Kapitalkostensatz steige nun auf 0,5 Geldeinheiten. Dem Unternehmer stehe zur Finanzierung seiner Produktionsausgaben nur die gleiche Kostensumme (Lösung a) zur Verfügung. Berechnen Sie die neue Minimalkostenkombination und die vom Unternehmer mit den vorgegebenen Kosten produzierbare Menge x. Wie hoch sind die nun die gewünschten Einsatzmengen von Arbeit und Kapital?

Aufgabe IV.48

Eine Unternehmung setze zur Produktion eines Gutes die folgende substitutionale Produktionsfunktion vom Cobb-Douglas-Typ ein:

$$x = c \cdot v_A^\alpha \cdot v_K^\beta \quad \text{mit} \quad c = 0,5; \quad \alpha = 0,6; \quad \beta = 0,2$$

Dabei bezeichnet x die Ausbringungsmenge (gemessen in Stück), v_A die Einsatzmenge des Produktionsfaktors Arbeit und v_K die Einsatzmenge des Produktionsfaktors Kapital.

Für jede Mengeneinheit Kapitals ist ein Kapitalkostensatz von 0,25 Geldeinheiten zu zahlen. Für jede Arbeitsstunde ist ein Lohnsatz von 24 Geldeinheiten bezahlen.

a) Der Unternehmer wolle jede vorgegebene Produktionsmenge n mit minimalen Kosten produzieren. Berechnen Sie die Minimalkostenkombination. Wie hoch sind in der Minimalkostenkombination die optimalen Einsatzmengenverhältnisse von Arbeit und Kapital. Bestimmen Sie die zu den Daten zugehörige langfristige Kostenfunktion K(x).

b) Aufgrund langfristiger Vertragsbeziehungen sei die Kapitalmenge bereits mit 7776 Mengeneinheiten vorgegeben. Bestimmen Sie die zu den Daten zugehörige kurzfristige Kostenfunktion K(x).

90

Aufgabe IV.49

Ein landwirtschaftliches Unternehmen mit einer gegebenen Einsatzmenge $\bar{v}_1$ des Faktors 1 (Ackerfläche) hat festgestellt, welche Erträge x es bei unterschiedlich intensiver Bearbeitung der Ackerfläche, d. h. bei verschiedenen Einsatzmengen v_2 des Faktors 2 (Arbeitsstunden), auf der gegebenen Gesamtfläche erzielt. Das Ergebnis ist eine Ertragsfunktion des Faktors 2, $x = x(v_2, \bar{v}_1)$, deren Verlauf dem klassischen Ertragsgesetz entspricht. Der Verlauf ist im folgenden Schaubild dargestellt.

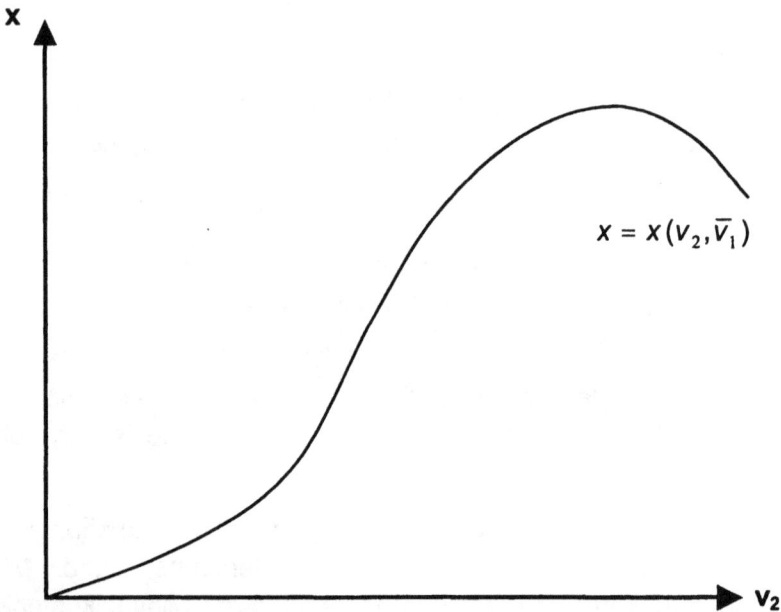

$$x = x(v_2, \bar{v}_1)$$

a) Zeigen Sie an der obigen Ertragsfunktion, die dem klassischen Ertragsgesetz entspricht, welcher Teil oder gegebenenfalls welche Teile der Ertragsfunktion $x = x(v_2, \bar{v}_1)$ ökonomisch nicht relevant ist oder sind, weil er/sie Verschwendung repräsentiert/repräsentieren. Begründen Sie Ihre Entscheidung, warum der entsprechende Teil oder die entsprechenden Teile der Ertragsfunktion Verschwendung repräsentiert/repräsentieren.

b) Im folgenden Schaubild ist die Kostenfunktion K(x) dargestellt, die aus der obigen Ertragsfunktion abgeleitet werden kann. Leiten Sie *aus dieser Kostenfunktion graphisch* die Grenzkostenfunktion $K' = \dfrac{dK}{dx}$, die Funktion der variablen Stückkosten $k_v = \dfrac{K_v}{x}$ und die Funktion der totalen Stückkosten $k = \dfrac{K}{x}$ ab und zeichnen Sie die entsprechenden Kurven in das Koordinatenkreuz ein, das sich unter dem Koordinatenkreuz befindet, in dem Sie die Kostenfunktion finden. Zeigen und begründen Sie sodann, wo die „kurzfristige Preisuntergrenze" und wo die „langfristige Preisuntergrenze" sowie das „Betriebsminimum" und das „Betriebsoptimum" in der Graphik liegen und erläutern Sie diese Begriffe.

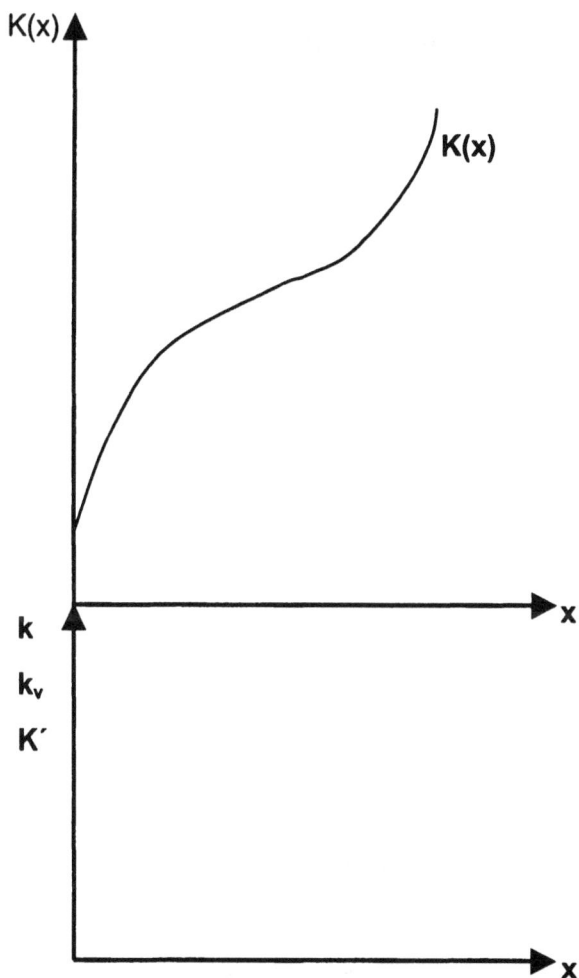

Aufgabe IV.50

Bestimmen Sie die jeweilige „*Skalenelastizität*" und den „*Homogenitätsgrad*" der folgenden Produktionsfunktionen. Dabei ist x die Ausbringungsmenge und v_i die Einsatzmenge des Faktors i (i = 1, ...).

a) $\quad x = \dfrac{v_1 \cdot v_2}{v_1 + v_2}$

b) $\quad x = \sqrt[3]{v_1} \cdot v_2^4$

c) $\quad x = v_1^2 + v_2^2 + v_3 \cdot v_4 + \dfrac{v_5 \cdot v_6^2}{v_7}$

Erläutern Sie, was der Homogenitätsgrad aussagt und was die Skalenelastizität aussagt.

Aufgabe IV.51

Definieren Sie folgende Begriffe aus der Produktions- und Kostentheorie:

a) Fixe Produktionsfaktoren

b) Variable Produktionsfaktoren

c) Technische Effizienz eines Produktionsprozesses

d) Ökonomische Effizienz eines Produktionsprozesses

e) Produktionsfunktion

f) Fixe Kosten

g) Durchschnittskosten

Aufgabe IV.52

Einem Unternehmen entstanden bei der Herstellung eines bestimmten Produktes folgende Kosten:

- bei der Ausbringung von x_1 = 1.000 Stück => K_1 = 8.000,- €
- bei der Ausbringung von x_2 = 1.500 Stück => K_2 = 10.000,- €

Es sei bekannt, dass ein linearer Gesamtkostenverlauf zu Grunde gelegt werden kann.

a) Welche Fixkosten K_f verursacht das Produkt?

b) Ab welcher Verkaufsmenge kann das Unternehmen damit rechnen, in die Gewinnzone zu gelangen, wenn der Verkaufspreis pro Stück 6,- € beträgt?

Zur Lösung sollten Sie den graphischen Weg wählen.

Aufgabe IV.53

Ein Anbieter sieht sich vier Nachfragern gegenüber, die über folgende individuelle Nachfragefunktionen verfügen:

$$N_1: \quad p = 80 - 1/3\,x$$

$$N_2: \quad p = 40 - 1/5\,x$$

$$N_3: \quad p = 70 - 1/3\,x$$

$$N_4: \quad p = 20 - 1/6\,x$$

Erstellen Sie für den Anbieter die komplette Gesamtnachfragefunktion. (Runden Sie Dezimalzahlen auf 2 Stellen nach dem Komma).

Aufgabe IV.54

Ein Anbieter sieht sich vier Nachfragern gegenüber, die über folgende individuelle Nachfragefunktionen verfügen:

$$N_1: \quad p = 10 - 1/3\,x$$

$$N_2: \quad p = 15 - 1/2\,x$$

$$N_3: \quad p = 8 - 1/3\,x$$

$$N_4: \quad p = 12 - 1/4\,x$$

Erstellen Sie für den Anbieter die komplette Gesamtnachfragefunktion.

Aufgabe IV.55

a) Nennen Sie die Merkmale eines vollkommenen Marktes und erläutern Sie diese kurz.

b) Wann ist ein Markt temporär unvollkommen?

Aufgabe IV.56

Es gibt Märkte mit beschränktem Zugang. Welche Zugangsbeschränkungen sind denkbar?

Aufgabe IV.57

Ergänzen Sie:

Ein Oligopol auf dem vollkommenen Markt liegt vor, wenn .... und zwischen den Produkten ....

Ein Polypol auf dem unvollkommenen Markt liegt vor, wenn .... und zwischen den Produkten ....

Aufgabe IV.58

Bei der Verhaltensweise von Marktteilnehmern werden Strategie und Anpassung unterschieden. Beschreiben Sie die Ihnen hierbei bekannten Formen.

Aufgabe IV.59

Ergänzen Sie die nachfolgende Übersicht:

Marktform	Situation des einzelnen Marktteilnehmers	Verhaltens-weise
Monopol Monopson		
Oligopol auf dem voll-kommenen Markt		
Oligopol auf dem un-vollkommenen Markt		
Polypol auf dem voll-kommenen Markt		
Polypol auf dem unvoll-kommenen Markt		
Bilaterales Monopol		

Aufgabe IV.60

Ergänzen Sie das nachfolgende Schaubild und erläutern Sie die daraus zu entnehmenden Aussagen zur Konkurrenzintensität:

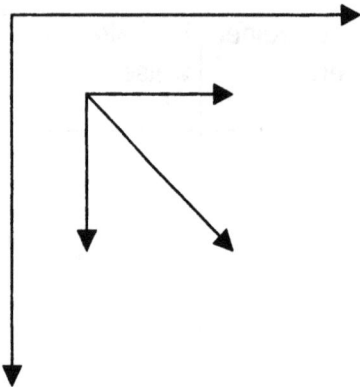

(Die Pfeile bedeuten abnehmende Intensität der Konkurrenz = abnehmender Hang zur Koalitionenbildung)

Aufgabe IV.61

Stellen Sie graphisch anhand der **Gesamt**umsatzkurve und **Ge-samt**kostenkurve eines **Polypolisten** seine Gewinn- und Verlust-zonen dar, wenn er

a)   über einen S-förmigen Kostenkurvenverlauf verfügt,

b)   einen linearen Kostenkurvenverlauf aufweist.

(Markieren Sie in den **beiden** Zeichnungen Verlust- und Gewinnzo-nen!)

Aufgabe IV.62

Ein Polypolist auf dem vollkommenen Markt sieht sich einem Marktpreis für das auch von ihm angebotene Gut von **800,- €** gegenüber.

Wie lautet seine gewinnmaximale Absatzmenge, wenn er über folgende Kostenfunktion verfügt:

$$K(x) = 2x^2 + 200x + 100$$

Wie hoch ist der maximale Gewinn?

Aufgabe IV.63

Ein Polypolist auf dem vollkommenen Markt sieht sich einem Marktpreis für das auch von ihm angebotene Gut von **80,- €** gegenüber.

Wie lautet seine gewinnmaximale Absatzmenge, wenn er über folgende Kostenfunktion verfügt:

$$K(x) = 2x^2 + 20x + 100$$

Wie hoch ist der maximale Gewinn?

Aufgabe IV.64

Ein Monopolist sieht sich einer Preis-Absatzfunktion von

$$p = -10x + 5200$$

gegenüber.

a) Wie hoch ist seine gewinnmaximale Absatzmenge, wenn er über folgende Kostenfunktion verfügt:

$$K(x) = 25x^2 + 300x$$

b) Wie hoch ist der gewinnmaximierende Preis?

c) Wie hoch ist der maximale Gewinn?

d) Wie hoch sind die Kosten?

e) Wie hoch ist der Umsatz?

Aufgabe IV.65

Ein Monopolist sieht sich der Preisabsatzfunktion

$$p = 3000 - 12x$$

gegenüber.

Seine Kostenfunktion lautet: $K = 100 + 3x^2$

Bestimmen Sie die gewinnmaximale Produktionsmenge und den gewinnmaximalen Preis.

Aufgabe IV.66

Die Variablen Kosten K_v eines Unternehmens in € weisen in Abhängigkeit von der Ausbringungsmenge x den folgenden Verlauf auf (Funktion der Variablen Kosten):

$$K_v = \frac{1}{300.000} \cdot x^3 - 0,01 \cdot x^2 + 28 \cdot x$$

Die Fixkosten K_f dieses Unternehmens betragen in €:

$$K_f = 90.000$$

Die Gesamtkosten K ergeben sich aus der Addition von Fixkosten und Variablen Kosten: $K = K_f + K_v$

a) Bestimmen Sie:

a.1) Die Grenzkostenfunktion $\frac{dK}{dx} = K'$.

a.2) Die Funktion der variablen Stückkosten $\frac{K_v}{x} = k_v$.

a.3) Die Funktion der totalen (gesamten) Stückkosten $\frac{K}{x} = k$.

a.4) Die langfristige Preisuntergrenze des Unternehmens PU_{lang}.

a.5) Die gewinnmaximale Angebotsmenge x* beim Preis für das Outputgut von p_x = 24,40 €, den das *Unternehmen als Mengenanpasser* hinnehmen muss.

a.6) Die kurzfristige Preisuntergrenze des Unternehmens PU_{kurz}.

b) Geben Sie an, von welchem Typ die Produktionsfunktion ist, die der Kostenfunktion dieses Unternehmens zugrunde liegt.

c) Nun sei das *Unternehmen Monopolist auf dem Markt*. Es sieht sich der folgenden Nachfragefunktion $x_N = f(p_x)$ (aus Sicht des Unternehmens die Preis-Absatz-Funktion) gegenüber:

$$x_N = \frac{150.400}{35} - \frac{1000}{35} \cdot p_x$$

Bestimmen Sie den *Cournot´schen Punkt*, indem Sie die Preis-/Produktionsmengenkombination (p^c, x^c) bestimmen, bei der der Gewinn des Monopolisten maximal ist.

Geben Sie an, wie hoch im *Cournot´schen Punkt* (p^c, x^c) die Deckungsspanne **DS** ist, der Deckungsbeitrag **DB** ist und der Gewinn **G** ist.

Aufgabe IV.67

Für ein Unternehmen gelte für die Produktion eines Gutes die folgende Kostenfunktion K (x):

$K(x) = 0,01 \cdot x^2 + 2 \cdot x + 100$, (x = Ausbringungsmenge),

a) Ermitteln Sie:

1. die Funktion Grenzkosten in Abhängigkeit von x

2. die Funktion der variablen Stückkosten $k_V(x)$

3. die Funktion der totalen Stückkosten $k(x)$

b) Bei welcher Produktionsmenge liegt das Minimum der totalen Stückkosten? Wie hoch sind die Stückkosten hier?

c) Der Unternehmer sei Angebotsmonopolist auf dem Absatzmarkt. Die bekannte Nachfragefunktion sei linear und habe folgende Form:

$p = 41 - 0,01 \cdot x$ (p = Absatzpreis; x = Absatzmenge)

Bestimmen Sie das Gewinnmaximum. Wie hoch sind der gewinnmaximale Preis (Cournotscher Preis) und die gewinnmaximale Ausbringungsmenge (Cournotsche Menge)? Wie hoch ist der Gewinn des Unternehmens im Optimum? Ermitteln Sie weiterhin den sich ergebenden volkswirtschaftlichen Nettonutzen und die zugehörige Konsumentenrente.

d) Nehmen Sie nun an, dass der Unternehmer vollständige Preisdifferenzierung durchführen könne. Wie hoch ist die gewinnmaximale Ausbringungsmenge und wie hoch ist der Gewinn des Unternehmens? Berechnen Sie weiterhin den sich ergebenden volkswirtschaftlichen Nettonutzen und die zugehörige Konsumentenrente.

e) Nehmen Sie nun alternativ an, dass das Gut unter den Bedingungen der vollständigen Konkurrenz angeboten würde. Welche Produktionsmenge würde dann angeboten? Berechnen Sie weiterhin den sich ergebenden volkswirtschaftlichen Nettonutzen, den Gewinn und die zugehörige Konsumentenrente.

Aufgabe IV.68

Auf dem **Markt eines natürlichen Monopols** finden wir folgende Funktionen vor:

Nachfragefunktion (= Preisabsatzfunktion des Monopolisten):
$X^N = 21 - 1,5 \cdot P$.

Funktion der totalen Durchschnittskosten (Stückkosten): $k = \dfrac{48}{X} + 2$.

Grenzkostenfunktion: $\dfrac{dK}{dX} = K' = 2$.

a) Ermitteln Sie die Preise und Mengen für die Kostendeckungslösung KD und für die volkswirtschaftliche Optimallösung VWOPT auf diesem Markt. [Zeichnen Sie zur Übung die Funktionen mit Lösungen in einen Quadranten eines Koordinatensystems ein. Benutzen Sie dafür möglichst kariertes Papier (Eine Einheit = ein Kästchen.)].

b) Ermitteln Sie die Zunahme an volkswirtschaftlichem Nettonutzen (= Zuwachs an volkswirtschaftlichem Bruttonutzen abzüglich Kosten durch die zusätzliche Produktion!), wenn von der Kostendeckungslösung auf die volkswirtschaftliche Optimallösung übergegangen wird. Geben Sie an, welcher Verlust daraus dem Monopolisten entstünde.

c) Begründen Sie, warum der Übergang von der Kostendeckungslösung zur volkswirtschaftlichen Optimallösung für die Volkswirtschaft einschließlich des Monopolisten ein Vorteil in Höhe des unter b) ermittelten Zuwachses an volkswirtschaftlichem Nettonutzen ist, obwohl der Monopolist zugleich einen Verlust erleidet. (Anders gewendet: Warum ist vom entstehenden volkswirtschaftlichen Zugewinn durch die Mehrproduktion der dadurch entstehende Verlust nicht abzuziehen?).

d) Erläutern Sie die Möglichkeit, zur Vermeidung eines Verlustes bei einem auf Kostendeckung verpflichteten Monopolisten durch einen gespaltenen Tarif von der oben (ohne gespaltenen Tarif) ermittelten Kostendeckungslösung zur volkswirtschaftlichen Optimallösung zu kommen. Geben Sie dabei an, warum die Nachfrager des Gutes mit einer solchen Lösung einverstanden sein sollten.

Aufgabe IV.69

Für ein Unternehmen gelte für die Produktion eines Gutes die folgende Kostenfunktion K (x):

$K(x) = x^2 + 20 \cdot x + 100$, (x = Ausbringungsmenge),

a) Ermitteln Sie:

1. die Funktion Grenzkosten in Abhängigkeit von x

2. die Funktion der variablen Stückkosten $k_V(x)$

3. die Funktion der totalen Stückkosten k(x)

b) Bei welcher Produktionsmenge liegt das Minimum der totalen Stückkosten? Wie hoch sind die Stückkosten hier?

c) Der Unternehmer produziere sein Gut unter den Bedingungen der monopolistischen Konkurrenz (Polypol auf unvollkommenem Markt). Er stehe einer doppelt geknickten Nachfragefunktion gegenüber. Die Nachfragefunktion mit ihren 3 Bereichen laute:

- Oberer Bereich: Bei einem Absatzpreis von 200 Geldeinheiten pro Mengeneinheit kann er bis zu 5 Mengeneinheiten absetzen. Bei einer Preisfestsetzung über 200 Geldeinheiten kann er nichts mehr absetzen.

- Mittlerer Bereich: Sollte der Unternehmer einen Preis von unter 200 Geldeinheiten fordern, hat er bis zu einem Absatzpreis von 100 Geldeinheiten pro Mengeneinheit monopolistische Preissetzungsspielräume. Die bekannte Nachfragefunktion habe in diesem Bereich folgende Form: $p = 220 - 4 \cdot x$ (p = Absatzpreis; x = Absatzmenge).

- Unterer Bereich: Bei einem Absatzpreis von 100 Geldeinheiten pro Mengeneinheit unterliegt der Unternehmer Konkurrenzbedingungen und verhält sich als Mengenanpasser. Er kann zu dem Preis von 100 Geldeinheiten pro Mengeneinheit eine beliebige Menge absetzen. Die Kapazitätsgrenze des Unternehmens sei jedoch bei 60 Mengeneinheiten erreicht. Die Zielsetzung des Unternehmers sei Gewinnmaximierung.

Bestimmen Sie das Gewinnmaximum. Wie hoch sind der gewinnmaximale Preis und die gewinnmaximale Ausbringungsmenge? Wie hoch ist der Gewinn des Unternehmens im Optimum?

Aufgabe IV.70

Das Unternehmen **Lohnfleiß OHG** stellt das von ihm produzierte Gut mit Hilfe der beiden Produktionsfaktoren i (i = 1, 2) her. Die dabei verwendete Produktionstechnik kann durch die substitutionale Produktionsfunktion $x = c \cdot v_1^{\alpha} \cdot v_2^{\beta}$, mit x = Ausbringungsmenge, v_i = Einsatzmenge des Produktionsfaktors i, α = 1, β = ½ und c = 1 (konstante Zahl), beschrieben werden.

a) Geben Sie für die angegebene Produktionsfunktion die Grenzrate der Substitution des Faktors 2 durch den Faktor 1 (auf einer Isoquante), die Grenzproduktivitäten der beiden Produktionsfaktoren sowie die Durchschnittserträge (= Produktivitäten) der beiden Faktoren und schließlich den Homogenitätsgrad der Produktionsfunktion an.

b) Die Preise p_i für die Produktionsfaktoren i (i = 1, 2) betragen pro Faktoreinheit p_1 und p_2. Zur Ermittlung der Kosten K werden die eingesetzten Faktoren mit ihren Preisen bewertet: $K = p_1 \cdot v_1 + p_2 \cdot v_2$. Die Preise der Produktionsfaktoren betragen p_1 = 9,- € und p_2 = 4,50 €.

b.1) Hinsichtlich der zu wählenden Faktoreinsatzmengen v_i (und damit des Faktoreinsatzverhältnisses v_1/v_2) verfügt das Unternehmen zunächst über die Wahlfreiheit bezüglich beider Faktoreinsatzmengen v_i (i = 1, 2).

Bestimmen Sie das kostenminimale Faktoreinsatzmengenverhältnis v_1/v_2, um eine beliebige Ausbringungsmenge x zu produzieren. Geben Sie an, wie hoch in diesem Falle die Kosten K wären, um eine Ausbringungsmenge von x = 27 Stück herzustellen.

b.2) Nach der Beschaffung des langlebigen Produktionsfaktors 1 befindet sich jetzt das Unternehmen **Lohnfleiß OHG** in einer kurzfristigen Entscheidungssituation hinsichtlich der Faktoreinsatzmengen, da es nunmehr lediglich über die Wahlfreiheit bezüglich der Einsatzmenge des Faktors 2 v_2 verfügt, während die Einsatzmenge des Faktors 1 mit v_1 = 3 vorgegeben ist und im Planungszeitraum nicht verändert werden kann.

b.2.1) Geben Sie die kurzfristige Kostenfunktion $K = K(x)$ in Abhängigkeit von der Ausbringungsmenge für die gegebene Produktionsfunktion des Unternehmens **Lohnfleiß OHG** an, sowie die zugehörige Grenzkostenfunktion $K' = dK/dx$ und die Durchschnittskostenfunktion k = K/x dieser Unternehmung.

b.2.2) Bestimmen Sie die in dieser kurzfristigen Entscheidungssituation gewinnmaximale Ausbringungsmenge x_{opt} und ermitteln Sie den Gewinn, wenn das Unternehmen die gesamte Ausbringung zum vorgegebenen Preis für das produzierte Gut von p_x = 10,- € pro Stück absetzen kann und diesen Preis hinnehmen muss (Mengenanpasser).

b.2.3) Das Unternehmen sei jetzt Monopolist auf dem Markt für das von ihm produzierte Gut. Die Nachfragefunktion auf diesem Markt lautet: $x^N = 15 - 0,5 \cdot p$. Bestimmen Sie den Cournot'schen Punkt C, indem Sie die zugehörige Ausbringungsmenge x_C ermitteln und angeben, welchen Preis p_C der Monopolist setzen muss, um die Menge x_C abzusetzen. Geben Sie an, welchen Gewinn der Monopolist im Gewinnmaximum erzielt.

Welchen Preis müsste der Monopolist nehmen, wenn ihm (z. B. nach einer Verstaatlichung des Monopols) untersagt würde, auf dem betreffenden Markt einen Gewinn zu erzielen, er aber auch keinen Verlust erleiden dürfte, seine Erlöse also gerade seine Kosten decken müssten? Geben Sie auch an, welche Menge in diesem Falle abgesetzt würde.

Aufgabe IV.71

Die Firma **SOLO LTD.** produziert das von ihr hergestellte Gut *Novovariant* mit Hilfe einer substitutionalen Produktionsfunktion vom Cobb-Douglas-Typ:

$$x = c \cdot \overline{v}_1^{\,\alpha} \cdot v_2^{\,\beta} \quad \text{mit} \quad c = 2; \quad \alpha = 2; \quad \beta = 0,5$$

Dabei bezeichnet x die Ausbringungsmenge (gemessen in Stück von *Novovariant*) der Firma **SOLO LTD.**, $\overline{v}_1$ die (konstante) Einsatzmenge des Produktionsfaktors 1 und v_2 die (variable) Einsatzmenge des Produktionsfaktors 2.

Die Firma **SOLO LTD.** befindet sich in der kurzfristigen Entscheidungssituation, da die Einsatzmenge des Produktionsfaktors 1 durch eine vorangegangene Investitionsentscheidung auf $\overline{v}_1 = 5$ Einheiten festgelegt ist. Die Preise der Produktionsfaktoren i (i = 1, 2) betragen pro Faktoreinheit p_i. Die Faktorpreise sind von der Firma **SOLO LTD.** unveränderbar hinzunehmen. Zur Ermittlung der Kosten K werden die Faktoreinsatzmengen v_i mit ihren Preisen p_i bewertet: $K = p_1 \cdot v_1 + p_2 \cdot v_2$.

Die Preise der Produktionsfaktoren sind konstant und betragen $p_1 = 4200,- €$ und $p_2 = 25,- €$. Sie gelten in jedem Fall über die gesamte jeweils betrachtete Planungsperiode der Firma.

a) Geben Sie an, wie die (kurzfristige) Kostenfunktion K(x) der Firma SOLO LTD. in der betrachteten Planungsperiode lautet? Geben Sie zudem die zugehörige Grenzkostenfunktion $\frac{dK}{dx} = K'(x)$, die Funktion der variablen Stückkosten

$\frac{K_v}{x} = k_v(x)$ und die Funktion der totalen Stückkosten

$\frac{K}{x} = \frac{K_f}{x} + \frac{K_v}{x} = k(x)$ an.

b) Die Firma SOLO LTD. hat bezüglich ihres Produktes *Novovariant* einen begrenzten monopolistischen Preissetzungsspielraum. Oberhalb und unterhalb dieses Preissetzungsspielraums ist die Nachfrage nach dem Produkt *Novovariant* aus der Sicht der Firma SOLO LTD. vollkommen elastisch. Aufgrund der Ergebnisse ihrer Marktforschung verfügt die Firma SOLO LTD. über genaue Kenntnisse ihrer Absatzmöglichkeiten bei verschiedenen Preisen. Die Preis-Absatz-Funktion der Firma SOLO LTD. (Nachfragefunktion aus der Sicht dieser Firma als Anbieter) lautet:

Preis-Absatz-Funktion der Firma SOLO LTD.	
$P_A = P(x)$ in €	Mengenbereich (in Stück)
$P_A = 90$	für $0 < x < 200$
$P_A = 110 - 0,1x$	für $200 \leq x \leq 800$
$P_A = 30$	für $x > 800$

b.1) Geben Sie an, um welche Marktform es sich in diesem Falle handelt.

106

b.2) Ermitteln Sie für die Firma **SOLO LTD.** das Gewinnmaximum. Geben Sie an, wie groß *im Gewinnmaximum* die produzierte Menge x ist, welcher Preis P_A erzielt wird, wie hoch der Deckungsbeitrag DB ist und welcher Gewinn erzielt wird.

b.3) Geben Sie an, welche Preis-Mengen-Kombination nach der Bedingung erster Ordnung für ein Gewinnmaximum grundsätzlich noch möglich gewesen wäre, indem Sie angeben, wie hoch der Preis in diesem Falle gewesen wäre, welche Absatzmenge damit verbunden gewesen wäre, wie hoch der Deckungsbeitrag DB wäre und welcher Gewinn dabei erzielt worden wäre.

Aufgabe IV.72

Eine Unternehmung setze zur Produktion eines Gutes die folgende substitutionale Produktionsfunktion vom Cobb-Douglas-Typ ein:

$$x = c \cdot v_A^{\alpha} \cdot v_K^{\beta} \quad \text{mit} \quad c = 0,2; \quad \alpha = 0,5; \quad \beta = 0,5$$

Dabei bezeichnet x die Ausbringungsmenge (gemessen in Stück), v_A die Einsatzmenge des Produktionsfaktors Arbeit und v_K die Einsatzmenge des Produktionsfaktors Kapital.

Der Unternehmer habe sich bereits für eine Kapitalmenge von 900 Einheiten entschieden. Sie sei kurzfristig nicht zu verändern. Für jede Mengeneinheit Kapitals ist ein Kapitalkostensatz von 0,3 Geldeinheiten zu zahlen. Der Unternehmer könne kurzfristig über den gewünschten Arbeitseinsatz frei entscheiden. Er muss für jede Arbeitsstunde 18 Geldeinheiten bezahlen.

a) Wie lautet die kurzfristige Kostenfunktion $K(x)$?

b) Der Unternehmer sei Angebotsmonopolist auf dem Absatzmarkt. Die bekannte Nachfragefunktion habe folgende Form:

$$p = 110 - 0,05 \cdot x \quad (\text{p = Absatzpreis; x = Absatzmenge})$$

Die Zielsetzung des Unternehmers sei Gewinnmaximierung. Berechnen Sie das Gewinnmaximum. Wie hoch ist der gewinnmaximale Preis (Cournot-Preis) und die gewinnmaximale Ausbringungsmenge? Wie hoch ist der Gewinn des Unternehmers im Optimum?

B. Lösungen

I. GRUNDBEGRIFFE, WESEN UND AUFGABEN DER VOLKSWIRTSCHAFTSLEHRE (BEHRENS/KIRSPEL, S. 8 – 131)

Aufgabe I.1

Betrachtungsweisen der Wirtschaftswissenschaft:

a) beschreibend

b) erklärend

c) gestaltend

Vgl. Behrens/Kirspel, S. 8 – 10.

Aufgabe I.2

Im Rahmen der Volkswirtschaft ist es üblich, Zusammenhänge mit Hilfe von **Modellen** zu untersuchen. Modelle sind Vereinfachungen oder besser ausgedrückt, Verwesentlichungen der Realität.

Ein Hilfsmittel der Verwesentlichung ist die **ceteris-paribus-Annahme** (= unter sonst gleichen Bedingungen).

Im Rahmen der Modellanalyse ist ein **Axiom** eine Grundannahme, die nicht der Falsifikation unterliegt.

Bei der **ex-post-Betrachtung** des Wirtschaftsprozesses handelt es sich um eine Vergangenheitsbetrachtung; bei der **ex-ante-Betrachtung** handelt es sich um eine zukunftsbezogene Betrachtung. Die **dynamische Analyse** untersucht die Entwicklung im Zeitablauf; die **statische Analyse** untersucht nur einen ganz bestimmten Zeitpunkt bzw. eine Zeitperiode.

Vgl. Behrens/Kirspel, S. 26 – 29.

Aufgabe I.3

a) Bedürfnisse:

Mangelempfindungen der Menschen, die diese zu beheben bestrebt sind.

b) Nutzen:

Ausmaß der Bedürfnisbefriedigung (der Minderung des Mangelempfindens).

c) Konsumgüter:

Konsumgüter dienen der Bedürfnisbefriedigung in Haushalten.

d) Produktionsgüter:

Produktionsgüter dienen der Produktion, die neue Güter bereitstellt.

e) Verbrauchsgüter:

Verbrauchsgüter gehen in Haushalten in einem einmaligen Konsumakt unter. Verbrauchsgüter werden im Unternehmen im Produktionsprozess verzehrt.

f) Gebrauchsgüter:

Gebrauchsgüter gestatten Haushalten mehrere Konsumakte. In Unternehmen stehen Gebrauchsgüter im Produktionsprozess über einen längeren Zeitraum zur Verfügung.

Aufgabe I.4

Beispiele:

Pyramide	Beispiele
Entwicklungsbedürfnisse	Selbstverwirklichung
Wertschätzungsbedürfnisse	Anerkennung Bestätigung
Soziale Bedürfnisse	Sozialer Kontakt
Sicherheitsbedürfnisse	Grundbedürfnisse sichern
Grundbedürfnisse	Hunger stillen, Schlaf

Aufgabe I.5

Knappheit:

Damit ein Gut knapp ist, muss es von Menschen gewünscht werden sowie dort, wo es gewünscht wird und zu dem Zeitpunkt, zu dem es gewünscht wird, nicht in der gewünschten Menge kostenlos zu erhalten sein.

Seltenheit:

Wie bei Knappheit handelt es sich um einen relativen Begriff; jedoch mit dem Unterschied, dass ein seltenes Gut **nicht** gewünscht wird.

Vgl. Behrens/Kirspel, S. 30 – 33.

110

Aufgabe I.6

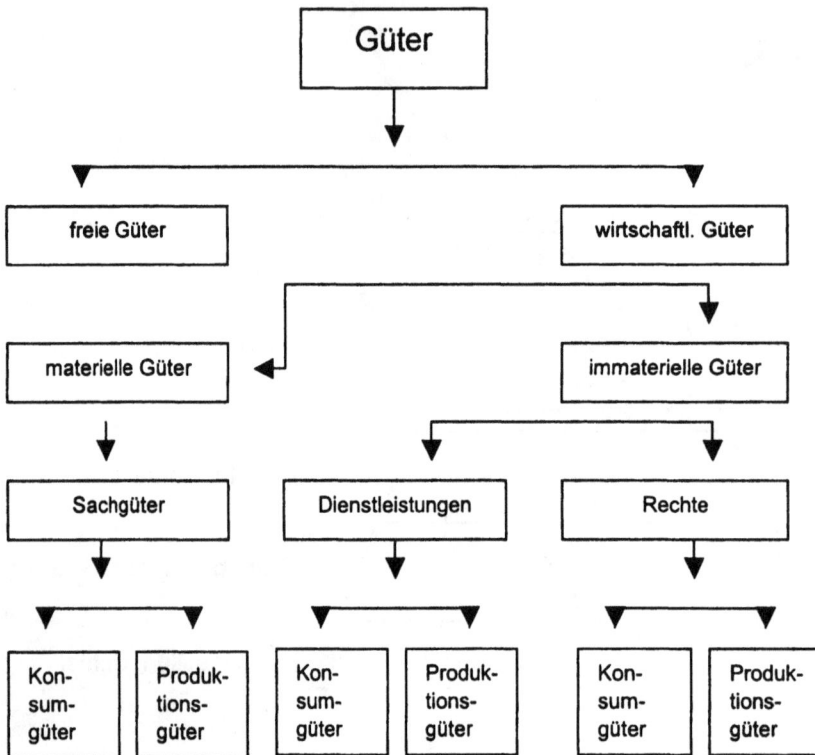

Aufgabe I.7

a) Preise sind Tauschverhältnisse, Opportunitätskosten geben einen Verzicht im Sinne der Nichtrealisierung einer Alternative an. Im Gegensatz zu Opportunitätskosten gibt es Preise folglich nur im Tauschverkehr. Bei relativen Preisen wird das Tauschverhältnis in Gütern ausgedrückt, bei absoluten Preisen in Geld.

Näheres: Vgl. Behrens/Kirspel, S. 34 ff.

b) 498500 (ohne Berücksichtigung der Kehrwerte) oder 998000 (mit Berücksichtigung der Kehrwerte).

Vgl. Behrens/Kirspel, S. 37.

c) Es ist (möglichst an einem Beispiel) zu zeigen, dass keine menschliche Handlung ohne Opportunitätskosten ist.

Vgl. Behrens/Kirspel, S. 41 f.

Aufgabe I.8

Das Produktionsergebnis kann direkt konsumiert oder aber z. T. durch Konsumverzicht gespart werden.

Das erarbeitete Produktionsergebnis geht beim Sparen nicht unter. Es hat vielmehr eine Investition in die Zukunft stattgefunden. Werden die Ersparnisse – also der frühere Konsumverzicht – in einer späteren Periode zur Herstellung bzw. zum Erwerb eines Kapitalguts eingesetzt, so hat eine Anlageinvestition stattgefunden.

Vgl. Behrens/Kirspel, S. 52 – 56.

Aufgabe I.9

Nicht gefordert ist eine bloße Wiedergabe des ökonomischen Prinzips in seinen beiden Ausprägungen. Verschwendung liegt einerseits vor, wenn das ökonomische Prinzip nicht beachtet wird, also ein gegebenes Ziel mit zu vielen Mitteln erreicht wird oder aus gegebenen Mitteln nicht das meiste erreicht wird. Andererseits liegt Verschwendung vor, wenn falsche Ziele verfolgt werden, etwa weil die Ausgestaltung der Wirtschaftsordnung bewirkt, dass nicht den Präferenzen der Menschen entsprechend gewirtschaftet wird oder wenn die Menschen sich unzureichend Rechenschaft über ihre Ziele ablegen. Das ökonomische Prinzip sagt über die anzustrebenden Ziele gar nichts aus. Es bezieht sich nur auf die Ziel-Mittel-Relation! Ebenso wie egoistische Ziele (nur am eigenen Wohl ausgerichtete Ziele) sollten auch altruistische Ziele (am Wohl anderer ausgerichtet) unter Beachtung des ökonomischen Prinzips angestrebt werden.

Vgl. zu den Zusammenhängen Behrens/Kirspel, S. 24 – 26 u. 57 – 62.

112

Aufgabe I.10

a) Ein Beispiel ist jeweils anzugeben für die gesetzten Regeln einer Gesellschaft und für die Regeln einer Gesellschaft, die ungeschrieben sind und sich evolutorisch entwickelt haben.

Vgl. Behrens/Kirspel, S. 68 – 70.

b) Nach R. E. Dahl und Ch. E. Lindblom: Marktsystem, Demokratie, Bürokratie, Gruppeneinigung.

Vgl. Behrens/Kirspel, S. 71 – 76.

Aufgabe I.11

a) • Die Arbeitszeit von Karla Klug zur Erstellung von 50 Bauernschränken beträgt 900 Stunden.

• Die Arbeitszeit von Karla Klug zur Erstellung von 50 Landschaftsbildern beträgt 750 Stunden.

• Die Gesamtarbeitszeit von Karla Klug beträgt 1650 Stunden.

• Die Arbeitszeit von Herbert Klug zur Erstellung von 50 Bauernschränken beträgt 1250 Stunden.

• Die Arbeitszeit von Herbert Klug zur Erstellung von 50 Landschaftsbildern beträgt 1000 Stunden.

• Die Gesamtarbeitszeit von Herbert Klug beträgt 2250 Stunden.

b)

Optimale Arbeits-teilung	Anzahl Bauern-schränke pro Jahr	Anzahl Landschafts-bilder pro Jahr
Karla Klug erstellt	90	0
Herbert Klug erstellt	10	100

Der Freizeitgewinn von Karla Klug beträgt: 30 Stunden

c)

Optimale Arbeits-teilung	Anzahl Bauern-schränke pro Jahr	Anzahl Landschafts-bilder pro Jahr
Karla Klug erstellt	**90**	**2**
Herbert Klug erstellt	**10**	**100**

Aufgabe I.12

Herr Hasenbein hat komparative Vorteile bei der Erbeutung von Fleisch, Herr Sesselmann beim Sammeln von Früchten. Die jeweiligen Opportunitätskosten für die Gewinnung eines kg Fleischs betragen bei Herrn Hasenbein 1 1/3 kg Früchte, bei Herrn Sesselmann 2 kg Früchte.

zum Fall **a)**: Arbeitsteilung und Tausch lohnen sich, weil das Tauschverhältnis (der relative Preis) zwischen den Opportunitätskosten der Tauschpartner liegt. Herr H. produziert 1 kg Fleisch, Herr S. 1,5 kg Früchte. Der Wohlstandsgewinn von Herrn H beträgt 15 Min., der von Herrn S. 1 Std.

zum Fall **b)**: Arbeitsteilung und Tausch lohnen sich nicht, weil das Tauschverhältnis (der relative Preis) nicht zwischen den Opportunitätskosten der Tauschpartner liegt.

zum Fall **c)**: Arbeitsteilung und Tausch lohnen sich. Herr H. produziert 1 kg Fleisch, Herr S. 1,75 kg Früchte. Der Wohlstandsgewinn von Herrn H beträgt 37 Min. und 30 Sek., der von Herrn S. 30 Min.

Vgl. Behrens/Kirspel, S. 48 – 52, Samuelson/Nordhaus (1998), S. 779 ff.

114

Aufgabe I.13

	Opportunitätskosten eines Computers (in Werkzeugmaschinen)	Opportunitätskosten einer Werkzeugmaschine (in Computern)
Japan	$0,8\overline{3}$	1,2
Deutschland	1,23	0,81

Japan: sollte sich allein auf die Produktion von
                Computern spezialisieren.

Deutschland: sollte sich allein auf die Produktion von
                Werkzeugmaschinen spezialisieren.

Zeiteinsparung insgesamt: 100.000 h

Zeiteinsparung Japan: 40.000 h

Zeiteinsparung Deutschland: 60.000 h

$0,8\overline{3}$ < Austauschverhältnis < 1,23

Zur Theorie des komparativen Vorteils:

Vgl. u. a. Hanusch, Kuhn (1998), S. 350 – 363.

Aufgabe I.14

a) 40 Dienstleistungen täglich.

b) 38 Dienstleistungen täglich.

c.1)

„Optimale Arbeitsteilung"	Anzahl der **Verkäufe** pro Arbeitstag	Anzahl der **Nach-bearbeitungen** pro Arbeitstag
Gabi Hurtig erledigt:	0	40
Suse Tran erledigt:	42	2

c.2) 42 Dienstleistungen täglich.

c.3) 10,5%.

c.4) + 5%.

c.5) Ricardos Theorem oder Gesetz bzw. Theorem der komparativen Kostenvorteile.

Aufgabe I.15

Lösungen (in Klammern Lösungen zu den alternativen Arbeitszeiten):

F. hat komparative Vorteile bei der Hausarbeit (Gartenarbeit), M. entsprechend bei der Gartenarbeit (Hausarbeit).

a) Arbeitszeiten von **F**: 36 Min. (4 Std.) im Garten, 4 Std. (0 Min.) im Haus.

Arbeitszeiten von **M**: 9 Std. (2 Std.) im Garten, 0 Min. (6 Std.) im Haus.

Freizeitgewinn von **F** gegenüber der Ausgangslage: 24 Min. (30 Min.).

b) Arbeitszeiten von **F**: 1 Std. (4 Std. und 30 Min.) im Garten, 4 Std. (0 Min.) im Haus.

Arbeitszeiten von **M**: 8 Std. und 20 Min. (1Std.) im Garten, 0 Min. (6 Std.) im Haus.

Freizeitgewinn von **M** gegenüber der Ausgangslage: 40 Min. (1 Std.).

c) Arbeitszeiten von **F**: 2 Std. und 15 Min. (5 Std.) im Garten, 4 Std. (54 Min.) im Haus.

116

Freizeitveränderung von **F** zur Ausgangslage: 1 Std. und 15 Min. (1 Std. und 24 Min.) Freizeitverlust.

Arbeitszeiten von **M**: 6 Std. und 15 Min. (0 Min.) im Garten, 0 Min. (5 Std. und 54 Min.) im Haus.

Freizeitveränderung von **M** zur Ausgangslage: 2 Std. und 45 Min. (2 Std. und 6 Min.) Freizeitgewinn.

Gewinn an gemeinsamer Freizeit von **F** und **M** gegenüber der Ausgangslage: 2 Std. und 45 Min. (2 Std. und 6 Min.).

Aufgabe I.16

- Bei gleichbleibender Nachfrage führt eine Angebotserhöhung zu sinkenden Preisen und höheren Gleichgewichtsmengen.

- Bei gleichbleibender Nachfrage führt eine Angebotssenkung zu höheren Preisen und sinkenden Gleichgewichtsmengen.

- Bei gleichbleibendem Angebot führt eine Nachfrageerhöhung zu höheren Preisen und höheren Gleichgewichtsmengen.

- Bei gleichbleibendem Angebot führt eine Nachfragesenkung zu sinkenden Preisen und sinkenden Gleichgewichtsmengen.

Aufgabe I.17

a) 1. Konsumentenrente:

Der aufsummierte Geldbetrag, den die Käufer bereit wären, für eine bestimmte Gütermenge über den Marktpreis p hinaus zu bezahlen.

2. Produzentenrente:

Differenz zwischen dem Marktpreis p und dem Preis, zu dem ein Anbieter bereit wäre, sein Gut zu verkaufen.

b) Die Produzentenrente beträgt: **9**

Die Konsumentenrente beträgt: **36**

Der volkswirtschaftliche Bruttonutzen beträgt: **54**

Der volkswirtschaftliche Nettonutzen beträgt: **45**

Aufgabe I.18

a) Bei einem Preis, der höher gleich dem Prohibitivpreis ist, gibt es keine Nachfrage nach dem betreffenden Gut. Die Sättigungsmenge wird bei einem Preis von Null nachgefragt. Der Preis, bei dem die Preisachse von der (langfristigen) Angebotsfunktion geschnitten wird, gibt die geringst möglichen Stückkosten an, zu denen ein Stück dieses Gutes in der langfristigen Perspektive gerade produziert werden kann.

Zu den Begriffserklärungen vgl. Behrens/Kirspel, S. 115 u. 117.

b) $E = 56$

$U^{brutto} = 72$

$KR = 16$

$K = 36$

$G = 20$

$U^{netto} = 36$

Anmerkung: Aus den Angaben in der Aufgabenstellung erhalten wir für die Nachfragefunktion $X^N = 22 - 2 \cdot P$ und für die Angebotsfunktion $X^A = \frac{8}{5} \cdot P - \frac{16}{5}$.

Der „Volkswirtschaftliche Nettonutzen" stellt den Überschuss des Nutzens, den die Produktion des Gutes bewirkt (geschaffene Werte) über die Kosten (dabei untergegangene Werte) dar.
Vgl. Behrens/Kirspel, S. 115 ff.

Aufgabe I.19

a) Die **Angebotsfunktion** lautet:

$$P_A = \frac{1}{400} X_A + \frac{5}{2}$$

Die **inverse Angebotsfunktion** lautet:

$$X_A \quad = \quad 400\, P_A - 1000$$

b) Die **Nachfragefunktion** lautet:

$$P_N \quad = \quad -\frac{1}{50} X_N + 11$$

Die **inverse Nachfragefunktion** lautet:

$$X_N \quad = \quad -50\, P_N + 550$$

c) Der **Gleichgewichtspreis** beträgt: $\quad 3,\overline{4}$

Die **Gleichgewichtsmenge** beträgt: $\quad 377,\overline{7}$

d) **Konsumentenrente**: $\quad 1.427,2$

   Produzentenrente: $\quad 178,4$

Aufgabe I.20

a) $P^{proh} = 14;\ X^{satt} = 21;\ X^* = 6;\ P^* = 10$

b) $E = 60;\ U^{gesamt} = 72;\ KR = 12;\ K = 48;\ G = 12;$
   $U^{netto} = 24$.

c) Nettonutzen entsteht, wenn (in der langfristigen Perspektive) die Zahlungsbereitschaft (also der Nutzen) für eine Gutseinheit über den Kosten für die Produktion dieser Gutseinheit liegt. Bei jedem Preis $P \neq P^*$ bestimmt die jeweils kürzere Marktseite über die getauschte Menge. Da für die Mengeneinheiten zwischen dieser Menge und der Gleichgewichtsmenge die jeweilige Zahlungsbereitschaft über den Kosten liegt, geht also volkswirtschaftlicher Nettonutzen im Vergleich zum Gleichgewichtspunkt verloren.

Vgl. Behrens/Kirspel, S. 119 f.

d.1) Freie Marktpreisbildung sorgt für Anreize, Neuerungen in Form von Produktinnovationen und Prozessinnovationen zu versuchen und an ihrer Verbreitung mitzuwirken. Vgl. hierzu und zu den folgenden Lösungen:

Behrens/Kirspel, S. 123, 157 ff., Behrens/Peren, S. 130 – 153.

d.2) Diffusionsprozess durch Imitationen

$X^* = 9$; $P^* = 8$

$E = 72$; $K = 63$; $G = 9$; $KR = 27$; $U^{gesamt} = 99$;
$U^{netto} = 36$.

Die Gewinne sind im Vergleich gesunken. Das liegt daran, dass im Zuge des Diffusionsprozesses, in dem die besseren Technologien durch Imitation Verbreitung finden, die Leistungsunterschiede zwischen den Anbietern abgebaut werden. Auf Leistungsunterschieden beruhen aber die Gewinne.

d.3) $X^* = 12$; $P^* = 6$

Der Übergang von X^A_2 zu X^A_3 ist dadurch gekennzeichnet, dass sich die Angebotsfunktion im Preis-Mengen-Diagramm sowohl nach unten verschoben hat als auch flacher geworden ist. Das bedeutet, dass es sowohl imitative wie auch innovative Aktivitäten gegeben hat.

$E = 72$; $K = 60$; $G = 12$; $KR = 48$; $U^{gesamt} = 120$;
$U^{netto} = 60$.

d.4)

bei X^A:	P:	X:	K:	G:	KR:	U^{netto}:
X^A_1	10	6	48	12	12	24
X^A_2	8	9	63	9	27	36
X^A_3	6	12	60	12	48	60

Zu erkennen ist, dass der Preis ständig gesunken ist und die Gleichgewichtsmenge zugenommen hat, also die Verbraucher des Gutes eine immer bessere und zugleich günstigere Versorgung mit dem Gut erfahren haben. Zwar sind die Kosten zunächst gestiegen und dann wieder gesunken. Bezieht man sie jedoch auf die Versorgungsmenge, so stellt man fest, dass die Stückkosten von 8 GE über 7 GE auf 5 GE gesunken sind. Die Verbreitung besserer Technologien und die Einführung neuer, noch besserer Technologien führt also dazu, dass die Güter im Durchschnitt immer kostengünstiger produziert werden können. Die Gewinne sind im Zuge des Diffusionsprozesses (Übergang von X^A_1 auf X^A_2) gesunken, dann, im Übergang

120

von X^A_2 auf X^A_3 durch das Auftreten von Neuerungen wieder leicht gestiegen. Konsumentenrente und volkswirtschaftlicher Nettonutzen steigen infolge der Anreizwirkung des Marktes stetig an.

Vgl. zu den Zusammenhängen genauer auch Behrens (2004), S. 361 ff. oder Behrens (1988), S. 249 – 265.

Aufgabe I.21

Freie Marktpreise erfüllen wirtschaftlich wichtige Funktionen.

a) In das Preis-Mengen-Diagramm sind (normal verlaufende) Nachfrage- und Angebotsfunktion einzuzeichnen. Sodann ist der Schnittpunkt als Gleichgewichtspunkt zu kennzeichnen, wobei zu begründen ist, wie es durch die Preisbildung (tendenziell) zustande kommt, dass schließlich die angebotene Menge der nachgefragten Menge entspricht und die größtmögliche Menge getauscht wird (Ausgleichsfunktion freier Marktpreise). Weiter ist zu zeigen und zu begründen, wie durch die freie Preisbildung nurmehr die Unternehmen als Anbieter bis zur Gleichgewichtsmenge zum Zuge kommen, die (in der langfristigen Perspektive) das Gut am günstigsten herstellen können (Auslesefunktion freier Marktpreise). Ebenso ist zu zeigen und zu begründen, dass bis zur Gleichgewichtsmenge nur die Nachfrager in den Genuss des Gutes kommen, die, gemessen an ihrer Zahlungsbereitschaft den höchsten Nutzen von dem Gut haben (Zuteilungsfunktion freier Marktpreise). Im Preis-Mengen-Diagramm ist anzugeben, wo im Schaubild im Gleichgewicht die Kosten K, die Gewinne G und die Konsumentenrente R abzulesen sind.

b) Zu zeigen ist, wie in diesem Falle der Anstieg der Kosten im Preis-Mengen-Diagramm zur Verschiebung der langfristigen Angebotsfunktion nach oben führt und was die Folgen sind. Der Gleichgewichtspreis wird steigen, die Gleichgewichtsmenge sinken. Zwar steigen die Kosten pro Stück, aber ob die Gesamtkosten steigen, gleich bleiben oder sinken, hängt von der Preiselastizität der Nachfrage im relevanten Bereich ab. Bei einer sehr elastischen Nachfrage ist die Mengenwirkung groß, so dass die Kosten sinken. Die Gewinne G sinken im Allgemeinen ebenso wie die Konsumentenrente. (Lediglich bei völlig preiselastischem Angebot bleibt der Gewinn gleich Null. Und bei völlig preiselastischer Nachfrage bleibt die Konsumentenrente gleich Null.) Da die produzierte Menge, außer in dem Spezialfall, in dem die Preiselastizität der Nachfrage gleich Null ist, zurückgeht, führt die Verteuerung des Rohstoffs folglich zu einem geringeren Einsatz dieses Rohstoffs.

c) Die freien Marktpreise enthalten alle für die Marktteilnehmer relevanten Informationen, um wirtschaftlich sinnvoll handeln zu können. Nachfragefunktion: Bewerteter Nutzen bzw. bewertete Weiterverwendungsmöglichkeiten. Angebotsfunktion: Knappheitsinformationen bzgl. der Einsatzfaktoren, Produktionstechnologie.

d) Allokationsfunktion (= Lenkungsfunktion) bedeutet, dass über die Preisbildung die Produktionsaktivitäten und Produktionsfaktoren in die von den Verbrauchern gewünschten Richtungen gelenkt werden. Distributionsfunktion (= Verteilungsfunktion) beschreibt, dass bei freier Marktpreisbildung derjenige Einkommen erhält, der für die Nachfrager am meisten leistet, wobei Leistung von den Empfängern der Leistung durch die Bezahlung gemessen wird. Der Konsument lenkt damit den Produktionsprozess in die von ihm gewünschte Richtung (= Konsumentensouveränität).

e) Zur Lösung vgl. Behrens/Kirspel, S. 331 – 336.

Vgl. Behrens/Kirspel, S. 97 – 123, 152 – 156. Zum Preissystem als Informations-, Lenkungs- und Anreizsystem vgl. auch grundlegend F. A. von Hayek (1968).

Aufgabe I.22

a) Angebots- und Nachfragefunktion sind in ein Preis-Mengen-Diagramm einzuzeichnen, der Schnittpunkt ist als Gleichgewichtspunkt zu kennzeichnen und auf den Achsen sind sodann Gleichgewichtspreis und Gleichgewichtsmenge abzutragen. Es ist anhand höherer und niedrigerer Preise zu zeigen, dass bei Abweichungen vom Gleichgewichtspreis immer nur die Menge der kürzeren Marktseite zum Tragen kommt. Unterhalb der Kurven sind die Kosten, die Gewinne, die Konsumentenrente, der volkswirtschaftliche Bruttonutzen und der volkswirtschaftliche Nettonutzen zu kennzeichnen. Zu erläutern ist am Schaubild, dass der Marktpreis die effizienten Unternehmen ausliest.

Vgl. Behrens/Kirspel, S. 111 ff.

b) Darzulegen sind neben der Mengenwirkung des Mindestpreises die Veränderungen der in der Teilaufgabe a) als Flächen dargestellten volkswirtschaftlichen Größen. Zeigen Sie im Preis-Mengen-Diagramm die Auswirkungen eines festgesetzten Mindestpreises (d. h.) eines Preises, der von den Marktteilnehmern nicht unterschritten werden darf), der oberhalb des Gleichgewichtspreises liegt, auf die verschiedenen im Diagramm abzulesenden ökonomischen Größen. Abschließend ist der volkswirtschaftliche Nettoschaden (= Rückgang von Gewinn und Konsumentenrente) darzustellen.

Vgl. zu Höchst- und Mindestpreisen z. B. Behrens/Kirspel, S. 330 – 339, Mankiw (2004), S. 124 – 136, Weimann (2004), S. 285 ff. (2001), S. 285 ff., Woll (2000), S. 309 – 313 oder Herdzina (2001), S. 138.

Aufgabe I.23

Zunächst ist zu begründen, dass ein wirksam festgesetzter Mindestpreis nur über dem Gleichgewichtspreis liegen kann. Sodann ist zu zeigen, wie hoch der volkswirtschaftliche Nettonutzen ist, wenn die kürzere Marktseite, also die Nachfrageseite, die umgesetzte Menge bestimmt. (Besonders gut ist es, wenn der mögliche Mindestwert für diesen volkswirtschaftlichen Nettonutzen {Annahme, dass nur die ungünstigsten Anbieter zum Zuge kommen} mit dem möglichen Höchstwert {Annahme, dass nur die günstigsten Anbieter zum Zuge kommen} verglichen wird.) Zudem ist zu zeigen, wie der Nettonutzen auf Anbieter (Differenzialgewinne) und Nachfrager (Konsumentenrente) verteilt ist. Schließlich ist zu zeigen, welcher Zuwachs an Nettonutzen (mindestens und/oder höchstens) resultiert, wenn auf den Gleichgewichtspunkt übergegangen wird. Unter der Annahme, dass im Ausgangspunkt nur die günstigsten Anbieter zum Zuge kommen, ist für den Übergang eine Kompensationszahlung der Nachfrager an die Anbieter in Höhe des entgangenen Gewinns möglich. Es kann gezeigt werden, dass beide Marktseiten gewinnen können, wenn eine geeignete Kompensation erfolgt. Um zu begründen, dass der Gleichgewichtspreis pareto-optimal ist, muss zunächst der Begriff des Pareto-Optimums definiert werden. Dann kann anhand der vorangegangenen Argumentation gezeigt werden, dass eine Abweichung von Gleichgewichtspreis nur eine Marktseite besser stellen kann, wenn zugleich die andere schlechter gestellt wird, während durch einen Übergang von jedem anderen Preis zum Gleichgewichtspreis beide Seiten gewinnen können, eine solche Situation also nicht pareto-optimal sein kann.

Vgl. zu den Zusammenhängen Behrens/Kirspel, S. 112, 115 – 120. Ergänzend, falls eine staatliche Abnahmegarantie für Überangebote vorliegt, was in der vorliegenden Aufgabe nicht angenommen wird, vgl. Behrens/Kirspel, S. 337 – 339.

Aufgabe I.24

a) Die Lösung erhält man durch Gleichsetzung von Nachfragefunktion und Angebotsfunktion. Es gilt: $35 - x = 0,05 \cdot x + 5$. Es ergibt sich eine Gleichgewichtsmenge $x = 20$ Mengeneinheiten und ein zugehöriger Gleichgewichtspreis von $p = 15,-$ Geldeinheiten. Der auf dem Markt erzielte Erlös E des Unternehmenssektors unter Konkurrenzbedingungen beträgt 300,- Geldeinheiten. Der volkswirtschaftliche Bruttonutzen U^{brutto} beträgt 500,- Geldeinheiten, die Konsumentenrente KR 200,- Geldeinheiten, die Produktionskosten K 200,- Geldeinheiten, der Gewinn im Unternehmenssektor G 100,- Geldeinheiten und der volkswirtschaftlichen Nettonutzen U^{netto} 300,- Geldeinheiten.

b) Falls der Staat keine weitere Maßnahme festlegt, wird auf dem Markt ein Angebotsüberschuss herrschen. Da sich auf nichtgeräumten Märkten die kürzere Marktseite durchsetzt, wird eine Menge von $x = 10$ gehandelt werden. Für die folgenden Werte unterstellen wir, dass die Anbieter mit den geringsten Kosten die Güter anbieten. Der volkswirtschaftliche Nettonutzen U^{netto} beträgt dann 500,- Geldeinheiten, die Konsumentenrente KR 200,- Geldeinheiten und der Gewinn im Unternehmenssektor G 100,- Geldeinheiten.

Aufgabe I.25

a) Die Lösung erhält man durch Gleichsetzung von Nachfrage-funktion und Angebotsfunktion. Es gilt:

$3400 - 10 \cdot x = 6 \cdot x + 200$. Es ergibt sich eine Gleichgewichts-menge x = 200 Mengeneinheiten und ein zugehöriger Gleich-gewichtspreis von p = 1400,- Geldeinheiten. Der auf dem Markt erzielte Erlös E des Unternehmenssektors unter Konkurrenz-bedingungen beträgt 280000,- Geldeinheiten. Der volkswirt-schaftliche Bruttonutzen U^{brutto} beträgt 480000,- Geldeinheiten, die Konsumentenrente KR 200000,- Geldeinheiten, die Produk-tionskosten K 160000,- Geldeinheiten, der Gewinn im Unter-nehmenssektor G 120000,- Geldeinheiten und der volkswirt-schaftliche Nettonutzen U^{netto} 320000,- Geldeinheiten.

b) Falls der Staat keine weitere Maßnahme festlegt, wird auf dem Markt ein Nachfrageüberschuss herrschen. Da sich auf nicht-geräumten Märkten die kürzere Marktseite durchsetzt, wird ei-ne Menge von x = 100 gehandelt werden. Für die folgenden Werte unterstellen wir, dass die Nachfrager mit der größten Zahlungsbereitschaft die Wohnungen bekommen. Der volks-wirtschaftliche Nettonutzen U^{netto} beträgt dann 240000,- Geld-einheiten, die Konsumentenrente KR 210000 Geldeinheiten und der Gewinn im Unternehmenssektor G 30000,- Geldeinhei-ten.

II. WIRTSCHAFTSSYSTEME UND -ORDNUNGEN UND IHRE PROBLEME (BEHRENS/KIRSPEL, S. 132 – 222)

Aufgabe II.1

System Merkmal	Markt- wirtschaft	Zentral- verwaltungs- wirtschaft
Grundprinzip	*Individualprinzip*	*Kollektivprinzip*
Planträger	*Die Wirtschaftssubjekte*	*Die Zentrale*
Art der Informa- tionsgewinnung	*Wechselseitig*	*Einseitig*
Technik der Koordination der Einzelpläne	*Regelung über Märkte*	*Steuerung über Befehle*
Koordination der Produktionspläne	*Orientierung an den Preisen*	*Orientierung an Sollziffern der Mengenplanung*
Zusammenhang von Güterer- zeugung und Einkommen	*Einkommen abhängig von der Verwertung der Produktions- faktoren*	*Einkommen durch politische Entscheidungen unabhängig vom erzeugten Wert*
Anreize	*Chance des Gewinns und Risiko des Verlustes*	*Belohnungen und Strafen*
Eigentum an Produktions- mitteln	*Privateigentum*	*Staatseigentum*

Zu den Wesensmerkmalen der reinen Wirtschaftssysteme vgl. Behrens/Kirspel, S. 139 – 165 und die dort angegebene Literatur, insbesondere Tuchtfeldt (1982).

Aufgabe II.2

Was soll produziert werden?

Wie soll produziert werden?

Für wen soll produziert werden?

Vgl. Behrens/Kirspel, S. 132.

Aufgabe II.3

a)

Ausgangs-lage	Produktionsergebnis in **Tüten Schrauben** (je 1000 Stück Schrauben)	Produktionsergebnis in **Tüten Nägel** (je 1000 Stück Nägel)
Kombinat A	**16.000**	**10.000**
Kombinat B	**10.000**	**10.000**

Prämie Kombinat A: 3.600 GE; Strafzahlung Kombinat B: 1.000 GE. Summe der Prämienzahlungen abzüglich Strafzahlungen: 2.600 GE.

b.1) Da die jeweiligen Opportunitätskosten der Produktion von Schrauben bzw. Nägeln bei den beiden Kombinaten auseinanderfallen, müsste es nach dem *Gesetz der komparativen Kostenvorteile* in diesem Falle für beide Seiten vorteilhaft sein, zu Arbeitsteilung und Tausch überzugehen. Dazu müsste ein Tauschverhältnis gewählt werden, das zwischen den Opportunitätskosten der beiden Kombinate liegt. Da dies auch für das insgesamt leistungsfähigere Kombinat A vorteilhaft wäre, sollte der Leiter von Kombinat A bereit sein, vom Zentralplan abzuweichen und einem marktwirtschaftlichen Tausch zuzustimmen.

b.2)

„Optimale Arbeitsteilung"	Anzahl der produzierten **Tüten Schrauben** (je 1000 Stück Schrauben)	Anzahl der produzierten **Tüten Nägel** (je 1000 Stück Nägel)
Kombinat **A**	0	30.000
Kombinat **B**	20.000	0

b.3) 1. Frage: Antwort: Markt.

2. Frage: Antwort: relativer Preis.

3. Frage: Antwort: 10.000 Tüten Schrauben von Kombinat B gegen 11.500 Tüten Nägel von Kombinat A.

4. Frage: Antwort: 1 < Tauschverhältnis „x Tüten Nägel je 1 Tüte Schrauben" < 1,25

„Nach Arbeitsteilung und Tausch gemäß freier Vereinbarung"	Ausgewiesenes Produktionsergebnis an **Tüten Schrauben** (je 1000 Stück Schrauben)	Ausgewiesenes Produktionsergebnis an **Tüten Nägel** (je 1000 Stück Nägel)
Kombinat **A**	10.000	18.500
Kombinat **B**	10.000	11.500

Prämie Kombinat A: 4.900 GE; Prämie Kombinat B: 1.400 GE; Summe der Prämienzahlungen: 6.300 GE.

c) Anreize für die Kombinatsleiter, trotz zentraler Planvorgaben einen (Schwarz-)Markt zu unterhalten: Verbesserte Zielerfüllung und damit Prämienzahlung für beide möglich, da marktwirtschaftliche Anreize auf Effizienz gerichtet sind (optimale

Arbeitsteilung), während zentralverwaltungswirtschaftliche Anreize auf Erfüllung der Mindestverpflichtung gerichtet sind.

Effizienz des Einsatzes des knappen Rohstoffs Stahl für die
Produktion von Nägeln und Schrauben, wird erheblich gesteigert (höheres Produktionsergebnis bei gleichem Rohstoff-
verbrauch).

Erreichung des Ziels, vorrangig die (laut Vorgabe) besonders
benötigten Nägel zu produzieren, wird unter den Bedingungen
des Marktes viel besser erreicht, da die Anreize entsprechend
wirken.

Frage, ob die Zentrale Planungsbehörde gemessen an den in
der Aufgabe genannten Produktionszielen ein Interesse daran
haben sollte, den Schwarzmarkt nicht zu unterbinden. Contra:
zentralverwaltungswirtschaftliches System wird bedroht. Pro:
Ziele können besser erreicht werden. Insgesamt: Pro, weil
bessere Güterversorgung auch das System insgesamt lebens-
fähig macht. Reale Zentralverwaltungswirtschaften brauchen
Schwarzmärkte zum Überleben.

Aufgabe II.4

Bei **„geborenen" öffentlichen Gütern** handelt es sich um Güter,
die wegen ihrer technischen Eigenschaften nicht über den Markt,
also nicht von privaten Unternehmern angeboten werden können.

Man spricht in diesem Fall von spezifisch öffentlichen oder „gebo-
ren" öffentlichen Gütern, die durch zwei Merkmale gekennzeichnet
sind: Nicht-Rivalität im Konsum und Versagen des Marktaus-
schlussprinzips.

Bei **„gekorenen" öffentlichen Gütern** handelt es sich um Güter,
die ihrer Natur nach über den Markt angeboten werden könnten, da
Rivalität im Konsum und Ausschließbarkeit gegeben sind.

Bei privatem Angebot entsprechend den individuellen Präferenzen
kommt es jedoch zu einem im Urteil des Staates bzw. der politischen Entscheidungsträger unerwünschten Ausmaß des Güteran-
gebots, das sowohl zu niedrig als auch zu hoch sein kann.

Zur Korrektur werden staatliche Eingriffe in die Kosumentenpräferenzen erforderlich.

Sofern diese ein Mehrangebot schaffen sollen, spricht man von meritorischen Gütern. Beispiele sind Leistungen im Gesundheits-, Ausbildungs- und Wohnungswesen.

Soll das Angebot dagegen durch die staatlichen Eingriffe reduziert werden, liegen demeritorische Güter vor (z. B. Alkohol- und Drogenkonsum).

Aufgabe II.5

Geborene öffentliche Güter:

→ Marktausschlussprinzip versagt

→ Nicht-Rivalität im Konsum

Autobahnen:

→ Nicht-Rivialität im Konsum: Ja!

→ Marktausschlussprinzip: Nein, Marktausschlussprinzip

herstellbar (Mautstation)!

Aufgabe II.6

a) Unter Verwendung eines Preis-Mengen-Diagramms ist nach entsprechender Definition anhand positiver externer Effekte (externer Nutzen) und/oder anhand negativer externer Effekte (externer Kosten) zu zeigen, dass durch die Marktkoordination bei fehlender Internalisierung der externen Effekte bezüglich des betrachteten Gutes nicht die volkswirtschaftlich optimale Versorgungsmenge bereitgestellt wird. Zu zeigen ist, wo die optimale Versorgung liegt und welcher Zuwachs an volkswirtschaftlichem Nettonutzen möglich wäre, wenn es gelingen würde, diese optimale Versorgung zu erreichen.

b) An einem praxisbezogenen Beispiel für den Fall Externer Kosten sind wirtschaftspolitische Möglichkeiten zur Problemlösung zu erläutern und die jeweiligen Vor- und Nachteile dazulegen. Bezüglich der Handlungsmöglichkeiten sollten bürokratischzentralverwaltungswirtschaftliche Lösungen (Direkte staatliche Eingriffe, Verbote, Auflagen, Einzelgenehmigungen etc.) von marktkonformen staatlichen Preislösungen (Steuern, Subventionen) und von marktwirtschaftlichen Mengenlösungen (handelbare Verschmutzungszertifikate) bzw. Haftungs- und Versicherungslösungen unterschieden werden.

Vgl. z. B. Behrens/Kirspel, S. 174 – 184 oder andere Literatur zur Umweltökonomik, z. B. Blankart (1998), S. 483 – 507 oder Fritsch/ Wein/Ewers (1999), S. 92 – 153.

Aufgabe II.7

Wichtige Stichworte sind:

- positive externe Effekte

- Internalisierung externer Effekte

- Berechenbarkeit externer Effekte ($-\frac{1}{5}$ Grünlandschnitt)

Zu externen Effekten vgl. Behrens/Kirspel, S. 174 – 184.

Aufgabe II.8

a) vor Besteuerung:

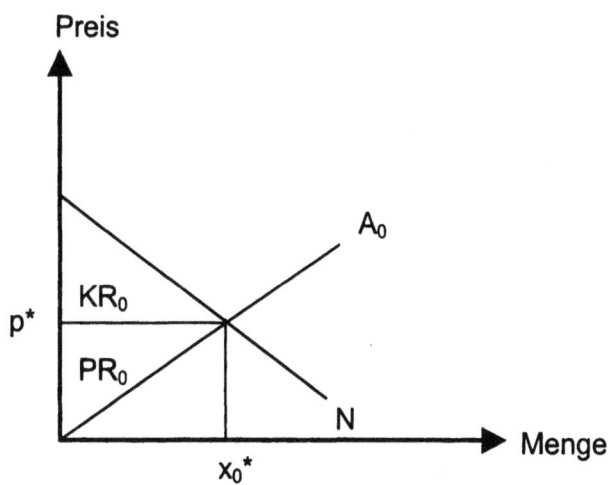

nach Besteuerung:

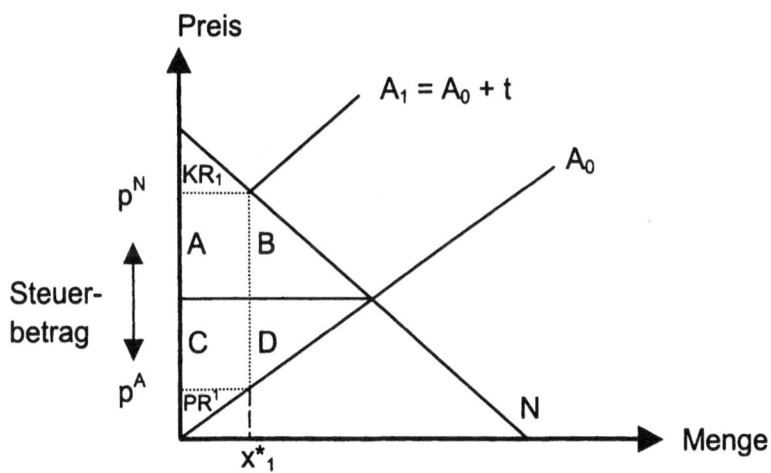

b) 1) **A + B**

2) **C + D**

3) **A + C**

4) **B + D**

Aufgabe II.9

[In eckigen Klammern: Lösung zur alternativen Aufgabenstellung.]

a) $X^* = 6$ [8] $P^* = 7$ [6]

b) $E = 42$ [48] $K = 33$ [32]

   $G = 9$ [16] $KR = 9$ [16]

   $U^{gesamt} = 51$ [64] $U^{netto} = 18$ [32]

c) Zu begründen ist, dass immer nur die Menge entsprechend der kürzeren Marktseite zur Geltung kommt.

   U^{netto} bei $P = 5$ [$P = 4$]:   10 [24] X^A ist kürzer

   U^{netto} bei $P = 8$ [$P = 7$]:   16 [30] X^N ist kürzer

d.1) $X^* = 8$ [6] $P^* = 6$ [7]

d.2) $E = 48$ [42] K (-Sub) [K (mit St)] $= 32$ [33]

   $G = 16$ [9] $KR = 16$ [9]

   $U^{gesamt} = 64$ [51] $U^{netto} = 32$ [18]

d.3) $X^* = 6$ [8] $P^* = 7$ [6]

   $E = 42$ [48] K [K (+ Ext)] $= 33$ [48]

   $G = 9$ [16] KR (+Ext) [KR] $= 21$ [16]

   $U^{gesamt} = 63$ [64] $U^{netto} = 30$ [16]

d.4) Subvention zu niedrig: Externer Effekt wird unzureichend internalisiert. Zwar Besserung, aber nach wie vor ein volkswirtschaftlicher Schaden durch zu geringe Produktion. Subvention zu hoch: Internalisierung wird übertrieben. Nun wird zuviel statt zuwenig produziert. Der volkswirtschaftliche Schaden kann jetzt u. U. sogar insgesamt zunehmen.

Steuer zu niedrig: Externe Kosten werden nicht zureichend internalisiert. Es wird nach wie vor zuviel produziert. Aber, es ist eine Besserung eingetreten. Steuer zu hoch: Produktion wird zu stark belastet mit der Folge einer höheren Produktionseinschränkung als es volkswirtschaftliche sinnvoll wäre. Im Extremfall kann es auch hier gegenüber der Ausgangssituation sogar zu einer Verschlechterung der Situation kommen.

d.5) Nach dem so genannten „Coase-Theorem" führen in Fällen, in denen Verhandlungen zwischen den Betroffenen möglich sind und erfolgen, durchsetzbare Zuordnungen von Nutzungsrechten an Umweltmedien stets zur optimalen Internalisierung des externen Effektes, also zur optimalen Allokation.

Vgl. z. B. Behrens/Kirspel, S. 180 – 184.

Aufgabe II.10

a) $X^* = 10$ $\qquad\qquad$ $P^* = 6$

b) $U^{gesamt} = 85$; $E = 60$; $KR = 25$; $K = 35$;
$G = 25$; $U^{netto} = 50$

c.1) $X^A = c \cdot P - d$, mit: $c = 2$ und $d = 6$

c.2) $X^* = 8$ $P^* = 7$

c.3) $E = 56$; K (mit St) $= 40$; $G = 16$; $KR = 16$;
$U^{gesamt} = 72$; $U^{netto} = 32$

c.4) Vgl. zur Art der Darstellung z. B. Behrens/Kirspel, S. 113 ff., 172 ff.

c.5) $U^{netto}\big|_{\text{Steuer pro Stück}=0} = 30$

c.6) $U^{netto}\big|_{\text{Steuer pro Stück}=6} = 24$

134

Aufgabe II.11

a) Für Unternehmung B erhält man die Lösung durch Maximierung der folgenden Gewinnfunktion:

$$G_B = U_B - K_B = 200\ x_B - (100 + 0,2 \cdot x_B{}^2).$$

Es ergibt sich eine gewinnmaximale Menge $x_B = 50$. Der Gewinn des Unternehmens im Optimum beträgt 400 Geldeinheiten. Für Unternehmung A erhält man die Lösung durch Maximierung der folgenden Gewinnfunktion:

$$G_A = U_A - K_A = 150 \cdot\ x_A - (31000 + 0,1 \cdot x_A{}^2 - 437,5).$$

Es ergibt sich eine gewinnmaximale Menge $x_A = 750$. Der Gewinn des Unternehmens im Optimum beträgt 25687,50 Geldeinheiten.

b) Die Lösung erhält man durch Maximierung der folgenden Gewinnfunktion:

$$G = U - K = 150 \cdot x_A + 20 \cdot x_B - (31100 + 0,25 \cdot x_B{}^2 + 0,1 \cdot x_A{}^2).$$

Es ergeben sich gewinnmaximale Mengen $x_A = 750$ und $x_B = 400$. Der Gewinn der fusionierten Unternehmen beträgt 29150,- Geldeinheiten.

Aufgabe II.12

a) Für Unternehmung A erhält man die Lösung durch Maximierung der folgenden Gewinnfunktion:

$$G_A = U_A - K_A = 200 \cdot x_A - (10000 + 0,02 \cdot x_A{}^2).$$

Es ergibt sich eine gewinnmaximale Menge $x_A = 5000$. Der Gewinn des Unternehmens im Optimum beträgt 49000 Geldeinheiten. Für Unternehmung B erhält man die Lösung durch Maximierung der folgenden Gewinnfunktion:

$$G_B = U_B - K_B = 60 \cdot\ x_B - (30000 + 0,006 \cdot x_B{}^2 + 125000).$$

Es ergibt sich eine gewinnmaximale Menge $x_B = 5000$. Der Gewinn des Unternehmens im Optimum beträgt -5000 Geldeinheiten.

b) Die Lösung erhält man durch Maximierung der folgenden Gewinnfunktion:

$$G_A = U - K = 200 \cdot x_A + 60 \cdot x_B - (40000 + 0,006 \cdot x_B^2 + 0,025 \cdot x_A^2).$$

Es ergeben sich gewinnmaximale Mengen $x_A = 4000$ und $x_B = 5000$. Der Gewinn der fusionierten Unternehmen beträgt 510000 Geldeinheiten.

c) Die Steuersatzfunktion des Staates lautet: $T = 0,005 \cdot x_A^2$. Das Steueraufkommen des Staates beträgt 80000 Geldeinheiten. Der Gewinn der Unternehmung A beträgt 390000 Geldeinheiten.

Aufgabe II.13

Zunächst ist zu definieren, was unter externen Kosten zu verstehen ist.

Dann:
Erste Unterscheidung: Verursacher sind z. B. sowohl die Anbieter von Gütern, bei deren Produktion externe Kosten entstehen, als auch die Nachfrager der produzierten Güter. Die Anbieter sind Verursacher im Sinne einer so genannten Wirkursache (causa efficiens). Die Nachfrage im Sinne einer so genannten Zweckursache (causa finalis). Entsprechend ist es für das Marktergebnis gleichgültig, wer von diesen beiden als Verursacher anzusehen ist und beispielsweise mit einer Pigou-Steuer belastet wird.

Zweite Unterscheidung: Das so genannte *Coase-Theorem* stellt dagegen auf die Unterscheidung zwischen dem Erzeuger von externen Effekten und dem Erleider ab. Wer Erzeuger und wer Erleider ist, ist nach Coase eine Frage der Zuordnung von Eigentums- und Verfügungsrechten. Hat beispielsweise ein Produzent das Recht zur Emission von Schmutz, so bewirkt er einen externen Effekt bei denen, die unter dem Schmutz leiden. Hätten aber diese Leute das Recht, die Emission von Schmutz zu untersagen, so be-

wirkten sie einen externen Effekt beim Produzenten, der Gewinn-
einbußen erleidet. Nach dem Coase-Theorem kommt es nur darauf
an, die Eigentums- und Verfügungsrechte zweifelsfrei und durch-
setzbar festzulegen. Das optimale Produktionsergebnis (optimale
Allokation) kommt in jedem Falle durch Verhandlung (sofern die
Voraussetzungen dafür gegeben sind) zustande. Die Zuordnung
hätte dann nur Verteilungs- aber keine Allokationswirkungen.

Vgl. Behrens/Kirspel, S. 178 – 183.

Aufgabe II.14

Beispielhaft einige Gründe: Sehr junge und sehr alte Menschen,
Kranke, Invalide, Behinderte können kein oder nur ein geringes
Markteinkommen erzielen. Gewinne und Verluste entstehen nicht
allein aus Verdienst, sondern auch durch Zufälle/Glück und Un-
glück. Ungleiche Startbedingungen beruhen nicht auf Verdienst.
Soziale Absicherung gegen Lebensrisiken erleichtern die Über-
nahme wirtschaftlicher Risiken, die etwa mit Bildungs- oder anderen Investitionsentscheidungen verbunden sind.

Ein wichtiges Problem: Umverteilung trennt Leistung von Gegenleistung und kann das Marktsystem, zum Nachteil auch derer, zu
deren „Gunsten" umverteilt wird, schwer schädigen.

Vgl. zu den Zusammenhängen z. B. Behrens/Kirspel, S. 190 – 202.

Aufgabe II.15

Zur Wirtschaftsordnungsproblematik:

a) Näher zu erläutern sind: Einerseits ist Freiheit selbst ein von
den Menschen hoch geschätztes Gut. Andererseits veranlasst
Freiheit einige Menschen, Neues zu entwickeln und zu erpro-
ben. Davon haben schließlich andere Vorteile.

Vgl. z. B. Behrens/Kirspel, Teil III.

b) Unter entsprechenden Erläuterungen ist zu verweisen auf Ver-
haltensnormen, Bräuche und Gewohnheiten einer Gesellschaft
bzw. ihrer Mitglieder. Zu zeigen ist, wie der evolutorische Pro-

zess der Bildung, Veränderung und Verbreitung solcher unge-
schriebener Regeln funktioniert und aus welchen Teilprozessen
er sich zusammensetzt. Zu begründen ist, inwiefern diese ungeschriebenen Regeln Grundlage der geschriebenen Regeln
einer Gesellschaft sind.

Vgl. z. B. Behrens/Kirspel, S. 67 – 71.

c) Individualethik bezieht sich auf das Verhalten zwischen Individuen. Ordnungsethik bezieht sich auf Kriterien der Gerechtig-
keit von Ordnungen, insbesondere von Wirtschaftsordnungen.
Zu zeigen ist (möglichst an einem Beispiel), wie die angespro-
chenen Fehlurteile zustande kommen und welche Gefahren sie
bergen.

Vgl. Behrens/Kirspel, S. 193 f., 204 – 207 und dort angegebene Literatur.

Aufgabe II.16

Vgl. zum "Subsidiaritätsprinzip", zum "marktwirtschaftlichen Subsidiaritätsprinzip" und zum Konzept der Sozialen Marktwirtschaft Beh-
rens/Kirspel, S. 202, 216 ff. und die dort angegebene Literatur.

Aufgabe II.17

a) Prof. Dr. Alfred Müller-Armack (1901 – 1978).

b) Prof. Dr. Ludwig Erhard (1897 – 1977).

Vgl. zur Historie der „Sozialen Marktwirtschaft" knapp Behrens/
Kirspel, S. 216 ff. und dort genannte Literatur. (Im ordnungspoliti-
schen Zusammenhang vgl. Grossekettler (1997)).

138

Aufgabe II.18

Vgl. Behrens/Kirspel, S. 216 – 222, Hardes/Krol/Rahmeyer/Schid (1995), S. 23 ff.

a) Wettbewerbsprinzip: Marktwirtschaftlicher Wettbewerb als ordnungspolitische Basis. Staat ist aufgerufen, geeignete Wettbewerbsregeln zu schaffen und private Wettbewerbsbeschränkungen zu verhindern oder zumindest zu entschärfen. Vgl. zur Wettbewerbspolitik Behrens/Kirspel, S. 186 – 190 und dort angegebene Literatur.

Prinzip der Marktkonformität: Die Maßnahmen des Staates sollen die Marktprozesse, insbesondere die Bildung freier Marktpreise, möglichst wenig stören.

b) Einerseits ist die Marktwirtschaft selbst sozial, weil sie breiten Bevölkerungsschichten, auch den ärmsten Schichten, ein Wohlstandsniveau ermöglicht wie kein anderes System es vermag. Andererseits gibt es dennoch unverschuldet Bedürftige, denen durch Umverteilung geholfen werden muss. Der Konflikt ergibt sich daraus, dass mit zunehmender Umverteilung der Leistungsbezug des Einkommens verloren geht, sodass die Leistungsanreize unter der Umverteilung leiden. Das kann bis zur Zerstörung des Marktsystems gehen. Näheres: Vgl. Behrens/Kirspel, S. 199 ff., 220 f. und dort angegebenen Literaturstellen.

III. Grundlagen der Kreislaufanalyse, Volkswirtschaftliches Rechnungswesen und Input-Output-Tabellen und -Analyse (Behrens/Kirspel, S. 223 – 282)

Aufgabe III.1

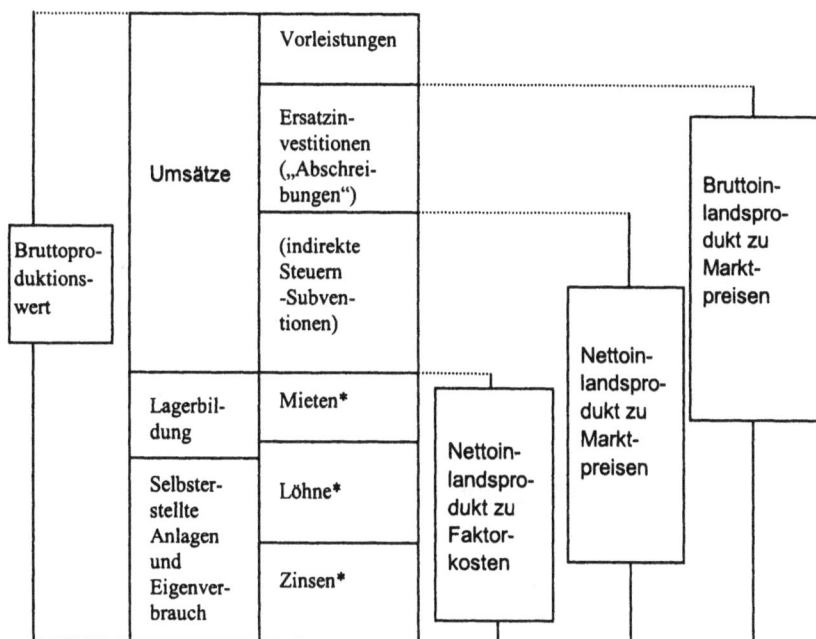

* incl. Gewinne

Zu Inlandsproduktionsbegriffen vgl. Altmann (2003), S. 99 ff.

Aufgabe III.2

Bruttoproduktionswert

./.   Vorleistungen

=   **BIP zu Marktpreisen** (= Bruttowertschöpfung)

./.   Abschreibungen

= **Nettoinlandsprodukt zu Marktpreisen**

./. indirekte Steuern

+ Subventionen

= **Nettoinlandsprodukt zu Faktorkosten**

(= Nettowertschöpfung = Volkseinkommen)

Aufgabe III.3

Um die Verzerrung der Wertschöpfung durch indirekte Steuern und Subventionen auszuschalten:

Brutto- bzw. Nettoinlandsprodukt zu Marktpreisen

- indirekte Steuern

+ Subventionen

= Brutto- bzw. Nettoinlandsprodukt zu Faktorkosten

Aufgabe III.4

a) Das Bruttoinlandsprodukt zu Marktpreisen hat die Höhe von **1.300,- €**.

b) Das Nettoinlandsprodukt zu Faktorkosten hat die Höhe von **1.100,- €**.

c) Das Nettoinlandsprodukt zu Marktpreisen hat die Höhe von **1.200,- €**.

Aufgabe III.5

Das Bruttoinlandsprodukt zu Marktpreisen kann man z. B. von der Verwendungsseite berechnen. Man erhält:

Konsumnachfrage der privaten Haushalte von Unternehmen (Privater Konsum)	2100
Staatskonsum (= Eigenverbrauch des Staates)	700
Bruttoinvestitionen der Unternehmen	720
Bruttoinvestition des Staates	120
Bruttoinlandsprodukt zu Marktpreisen (= Summe)	**3640**

Das Nettoinlandsprodukt zu Faktorkosten ergibt sich:

Bruttoinlandsprodukt zu Marktpreisen	**3640**
– Abschreibung in Unternehmen	-500
– Abschreibungen des Staates	-100
– Nettoproduktionsabgaben	-140
= Nettoinlandsprodukt zu Faktorkosten	**2900**

Die staatliche Kreditaufnahme ergibt sich:

Gehälter des Staates an private Haushalte	400
Vorleistungskäufe des Staates bei Unternehmen	200
+ Bruttoinvestition des Staates	120
+ Transferzahlungen des Staates an private Haushalte	100
– Direkte Steuern von Unternehmen und Haushalten an den Staat	-620
– Nettoproduktionsabgaben	-140
Staatliche Kreditaufnahme	**60**

Aufgabe III.6

a) Das Bruttoinlandsprodukt zu Marktpreisen kann man z. B. von der Verwendungsseite berechnen. Man erhält:

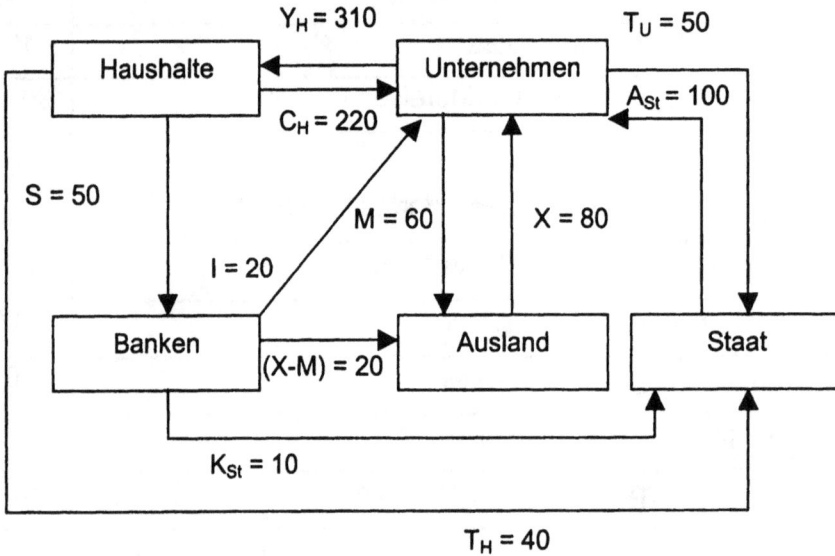

b)

–	HH	+
C_H = 220		Y_H = 310
T_H = 40		
S = 50		
310		310

–	U	+
Y_H = 310		C_H = 220
M = 60		X = 80
		I = 20
T_U = 50		A_{St} = 100
420		420

–	Ausland	+
X = 80		M = 60
		(X – M) = 20
80		80

–	Banken	+
(X – M) = 20		S = 50
K_{St} = 10		
I = 20		
50		50

-	Staat	+
$A_{St} = 100$	T_U	$= 50$
	T_H	$= 40$
	K_{St}	$= 10$
100		100

Aufgabe III.7

a) Transaktor: Budgetgleichung:

	Zuflüsse		Abflüsse
U:	$C+I^a+G^a$	=	Y
H:	Y	=	C+T+S
St:	T+BD	=	G^a
VK:	I^a+BD	=	S

Die Budgetgleichungen der Transaktoren U und VK sind Gleichgewichtsbedingungen. Es handelt sich um ein Kreislaufsystem.

b)
$$Y^* = \frac{\bar{C}+I^a+G^a}{1-c\cdot(1-\tau)}$$

Zur Teilaufgabe 1:

1.c.1)
$$Y^* = 480$$
$$C^* = 255$$
$$S^* = 45$$
$$T^* = 180$$
$$BD^* = 20$$

1.c.2)

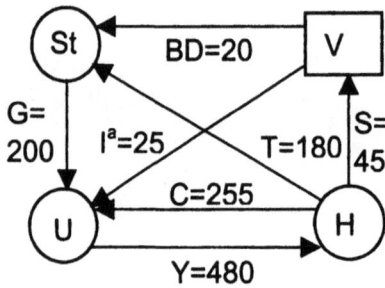

1.c.3)

Z	U	A	Z	H	A	Z	St	A	Z	VK	A
C=255	Y=480		Y = 480	C=255		T =180	G=200		S= 45	I=25	
G=200				T=180		BD=20				BD=20	
I = 25				S=45							
480	480		480	480		200	200		45	45	

1.d.1)

$$Y^* = 461{,}54$$
$$C^* = 236{,}54$$
$$S^* = 32{,}69$$
$$T^* = 192{,}31$$
$$BD^* = 7{,}69$$

1.d.2) Die Erhöhung des Steuersatzes hat zu einer Verringerung des Kreislaufniveaus geführt. Zwar hätte beim alten Kreislaufniveau von Y = 480 der Steuersatz von τ = 5/12 rein rechnerisch ausgereicht, um die Staatsausgaben von G = 200 ausschließlich durch Steuern zu finanzieren. Beim nunmehr jedoch verringerten Kreislaufniveau verbleibt immer noch ein Budgetdefizit des Staates.

1.d.3) τ = 4/9

 Y^* = 450

 C^* = 225

Zur Teilaufgabe 2:

2.c.1) Y^* = 700

 C^* = 375

 S^* = 62,5

 T^* = 262,5

 BD^* = 12,5

2.c.2)

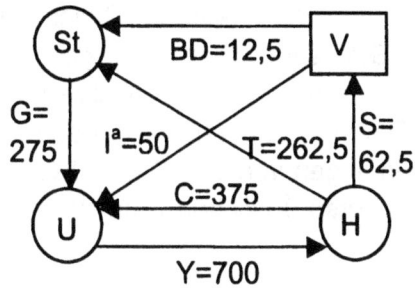

2.c.3)

Z	U	A	Z	H	A	Z	St	A	Z	VK	A
C=375	Y=700		Y = 700		C=375	T=262,5		G=275	S=62,5		I=50
G=275					T=262,5	BD=12,5					BD=12,5
I = 50					S=62,5	275		275	62,5		62,5
700	700		700		700						

2.c.4)

Strom an / von	U	H	St	VK
U	-	Y = 700	-	-
H	C = 375	-	T = 262,5	S = 62,5
St	G = 275	-	-	-
VK	I^a = 50	-	BD = 12,5	-

2.d.1)

Y^* = 600

C^* = 325

S^* = 50

T^* = 225

G^* = 225

2.d.2) Bei gleichbleibendem Steuersatz ist Gleichheit von Steuereinnahmen und Staatsausgaben unter den gegebenen Annahmen nur bei einem niedrigeren Kreislaufniveau von Y = 600 vereinbar. Dies führt zudem dazu, dass der Staat drastische Budgetkürzungen von G = 275 auf G = 225, also um das Vierfache der ursprünglichen Staatsverschuldung, realisieren muss.

Vgl. Behrens/Kirspel, S. 223 ff.

Aufgabe III.8

[In eckigen Klammern: Lösung zur alternativen Aufgabenstellung.]

Die Nachfragen nach Leistungen der Sektoren aufgrund von Vorleistungsbeziehungen zwischen den Sektoren und von Endnachfrage sind in Gleichungsform aufzustellen. Man bekommt dann:

$$a_{11} \cdot X_1 + a_{12} \cdot X_2 + Y_1 = X_1$$
$$a_{21} \cdot X_1 + a_{22} \cdot X_2 + Y_2 = X_2$$

Mit den angegebenen Zahlen:

$$0,2 \, [0,2] \cdot X_1 + 0,25 \, [0,4] \cdot X_2 + 100 = X_1$$

$$0,4 \, [0,25] \cdot X_1 + 0,2 \, [0,2] \cdot X_2 + 10 = X_2$$

Das ist ein Gleichungssystem aus zwei Gleichungen mit den beiden Unbekannten X_1 und X_2, das eindeutig gelöst werden kann. Ergebnisse:

Output an ╲ ╲ Input von	Sektor 1	Sektor 2	Endnachfragen Y	Bruttoproduktionswerte X
Sektor 1	X_{11} = 30,55 [31,11]	X_{12} = 22,22 [24,44]	Y_1 = 100	X_1 = 152,77 [155,55]
Sektor 2	X_{21} = 61,11 [38,89]	X_{22} = 17,77 [12,22]	Y_2 = 10	X_2 = 88,88 [61,11]
Beiträge zur Bruttowertschöpfung	F_1 = 61,11 [85,56]	F_2 = 48,89 [24,44]	Bruttowertschöpfung: 110	
Bruttoproduktionswerte	X_1 = 152,77 [155,55]	X_2 = 88,88 [61,11]		Bruttoprod. w.: 241,66 [216,66]

Vgl. Behrens/Kirspel, S. 278 – 282.

IV. MIKROÖKONOMISCHE THEORIE: HAUSHALTSTHEORIE, UNTERNEHMENSTHEORIE, MARKTTHEORIE

Aufgabe IV.1

Der Haushalt sollte	von Gut A	**3** Mengeneinheiten einkaufen,
	von Gut B	**5** Mengeneinheiten einkaufen,
	von Gut C	**1** Mengeneinheiten einkaufen.

Lösungshinweis:

Der nutzenmaximierende Haushalt strebt einen Ausgleich der gewogenen Grenznutzen an.

Vgl. Ott (1992), S. 72 – 73.

Aufgabe IV.2

Ein Wirtschaftssubjekt bzw. ein Haushalt weiß **für alle möglichen Alternativen** $A_1 B_1$; $A_2 B_2$; ....; $A_n B_n$, ob es die Möglichkeit A_i der Möglichkeit B_i oder B_i der Möglichkeit A_i vorzieht oder ob es sich gegenüber A_i oder B_i indifferent verhält.

Von den drei möglichen Beziehungen $A_i > B_i$, $B_i > A_i$, $A_i \sim B_i$ gilt für jede mögliche Alternative $A_1 B_1$; $A_2 B_2$;...; $A_n B_n$ **eine und nur eine**.

Zieht ein Haushalt die Möglichkeit A der Möglichkeit B und diese wiederum C vor, so zieht der Haushalt auch A der Möglichkeit C vor. **Wenn also A > B und B > C, dann gilt auch A > C.**

Ein Haushalt wird aus einer Alternative $A_i B_i$ stets die Möglichkeit auswählen, die den **höheren Nutzenindex** aufweist, d. h. $A_i > B_i$, wenn $N (A_i) > N (B_i)$.

Vgl. Ott (1992), S. 77.

Aufgabe IV.3

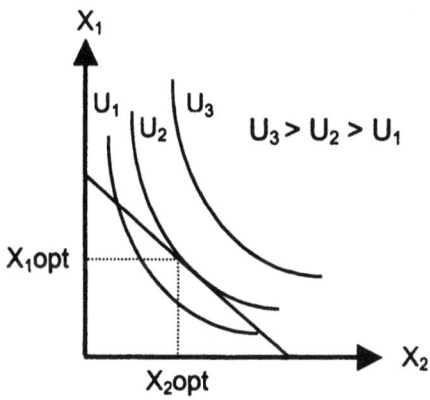

Aufgabe IV.4

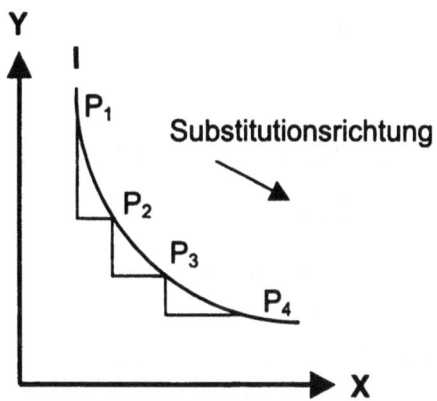

Aufgabe IV.5

a) Die weiter vom Koordinatenursprung entfernte Bilanzgerade ist
die alte Bilanzgerade. Deren Abszissenabschnitt beträgt $\bar{y}/\bar{p}_2$.

Dies ist auch der Abszissenabschnitt der neuen Bilanzgeraden,
das sich weder y noch p_2 ändern. Der Ordinatenabschnitt der
alten Bilanzgeraden beträgt $\bar{y}/p_1^{alt}$. Der Ordinatenabschnitt der
neuen Bilanzgeraden ist $\bar{y}/p_1^{neu}$ mit $p_1^{neu} > p_1^{alt}$.

b) Die optimalen Verbrauchsmengenkombinationen sind wie folgt
gekennzeichnet: vor (·····) und nach (-----) der Preiserhöhung.

c) Den Substitutionseffekt (SE) ermittelt man, indem man die
neue Bilanzgerade parallel bis an die alte Indifferenzkurve ver-
schiebt. Die Differenz zwischen alter optimaler Verbrauchs-

mengenkombination und der Verbrauchsmengenkombination auf der alten Bilanzgeraden, der sich beim neuen Preisverhältnis (also bei der neuen Steigung der Bilanzgeraden) ergibt, ist der Substitutionseffekt SE. Der Unterschied zwischen dieser Verbrauchsmengenkombination auf der alten Indifferenzkurve beim neuen Preisverhältnis und der neuen optimalen Verbrauchsmengenkombination ist der Einkommenseffekt EE.

d) Der Substitutionseffekt der Preisänderung ist in seiner Richtung immer eindeutig, weil im neuen Verbrauchsoptimum wieder das zweite Gossensche Gesetz gelten muss:

$$\frac{Grenznutzen\ des\ Gutes\ 1}{p_1} = \frac{Grenznutzen\ des\ Gutes\ 2}{p_2}$$

Steigt p_1, so kann bei Konstanz des Preises p_2 das Gleichheitszeichen nur gelten, wenn der Grenznutzen des Gutes 1 gestiegen und oder der Grenznutzen des Gutes 2 gesunken ist (oder der Grenznutzen des Gutes 1 entsprechend stärker steigt als der des Gutes 2). Bei Gültigkeit des Gesetzes von der abnehmenden Grenzrate der Substitution ist dies auf einer Indifferenzkurve (also bei Vernachlässigung des Einkommenseffektes) der Fall, wenn Gut 1 vermindert und Gut 2 vermehrt konsumiert wird.

e) Wie aus den Indifferenzkurven erkennbar, handelt es sich aus Sicht des Haushaltes um substitutive Güter (periphere Substitutionalität).

Aufgabe IV.6

a) $x_K^* = 20$ Einheiten; $x_S^* = 20$ Einheiten; $U^* = 400$ Einheiten.

b) $x_K^{*NEU} = 1{,}25$ Einheiten; $x_S^{*NEU} = 20$ Einheiten; $U^{*NEU} = 100$ Einheiten.

c)

	Mengenwirkung bezüglich x_K	Mengenwirkung bezüglich x_S
Substitutionseffekt	- 17,5 Einh.	+ 20 Einh.
Einkommenseffekt	- 1,25 Einh.	- 20 Einh.
Gesamteffekt	- 18,75 Einh.	0 Einh.

Aufgabe IV.7

a) Aus der Sicht des betrachteten Haushaltes handelt es sich um substitutive Güter, wobei der Haushalt zwar auf den Konsum des Gutes 1 völlig zu verzichten bereit ist (alternative Substitutionalität), nicht aber auf den Konsum des Gutes 2 (periphere Substitutionalität).

b) Indifferenzkurve: $x_1 = \dfrac{\bar{U}}{x_2} - 10$

Grenzrate der Substitution: $\left| \dfrac{dx_1}{dx_2} \right| = \dfrac{\bar{U}}{x_2^2} = \dfrac{x_1 + 10}{x_2}$

c) Zunächst wird durch Gleichsetzung der Grenzrate der Substitution und der absoluten Steigung der Bilanzgeraden das optimale Faktoreinsatzverhältnis ermittelt. Man erhält: $x_1 = 2 \cdot x_2 - 10$. Durch Einsetzen in die Nutzenfunktion und Setzung von U = 800 findet man als optimale Verbrauchsmengen $x_2^* = 20$ und $x_1^* = 30$. Durch Einsetzen dieser Werte in die Bilanzgleichung erhält man y = 1400,- GE.

d) Ermittlung des optimalen Verbrauchsplans nach der üblichen Methode (Gleichsetzung von Grenzrate der Substitution und der absoluten Steigung der Bilanzgeraden) ergibt einen negativen Wert für $x_1^*_{neu}$. Dies ist ökonomisch nicht zulässig. Durch Nullsetzung von $x_1^*_{neu}$ erhält man Lösung: $x_1^*_{neu} = 0$; $x_2^*_{neu} = 35$; $U_{neu} = 350$.

e) Antwort: U = 119,4.

f) Durch den Substitutionseffekt der Preiserhöhung gelangt der Haushalt auf ein wesentlich höheres Nutzenniveau bei verändertem Preis, als wenn er auf seinem alten Konsumplan verharrte. Zugleich wird dadurch die verknappte natürliche Ressource geschont, weil sie weniger nachgefragt wird.

g) Der Substitutionseffekt wird ermittelt, indem man den Tangentialpunkt einer Budgetgeraden mit der neuen absoluten Steigung (0,2) mit der alten Indifferenzkurve (U = 800) sucht und die Differenz der gefundenen Verbrauchsmengen zu den Verbrauchsmengen im alten Optimalpunkt ermittelt. Man erhält:

Substitutionseffekt auf x_1 $\Delta x_1 = -27,35$ Stück

Substitutionseffekt auf x_2 $\Delta x_2 = +43,25$ Stück

h) Antwort: $y_{Subst} = 3.059,64$ GE.

Aufgabe IV.8

a) Grenznutzen des Gutes 1 = 60, des Gutes 2 = 100.

b) Grenzrate der Substitution von Gut 1 durch Gut 2 = $\frac{10}{6}$ bzw. $1,\overline{6}$.

Aufgabe IV.9

a) Optimaler Verbrauchsplan des Haushalts: $x_1^* = 40$ Stück und $x_2^* = 30$ Stück. Erreichtes Nutzenniveau: $U^* = 32,237$ Einheiten.

b.1) Neuer optimaler Verbrauchsplan: $x_1^{*neu} = 40$ Stück und $x_2^{*neu} = 15$ Stück. Neues erreichtes Nutzenniveau: $U^{*neu} = 19,168$ Einheiten.

b.2) Zur Ermittlung nehme man zunächst die neue Steigung der Bilanzgeraden und die alte Indifferenzkurve, sodann die neue Steigung der Bilanzgeraden und die neue Indifferenzkurve.

	Mengenänderung bezüglich Gut 1	Mengenänderung bezüglich Gut 2
Substitutionseffekt	+ 27,2715 Stück	- 4,773 Stück
Einkommenseffekt	- 27,2715 Stück	- 10,227 Stück

b.3) Aus der Sicht des Haushalts handelt es sich um peripher substituierbare Güter. Beide Güter sind, wie der Einkommenseffekt zeigt, superiore Güter.

Aufgabe IV.10

[In eckigen Klammern: Lösung zur alternativen Aufgabenstellung.]

(1) a)

Die Grenznutzenfunktionen für die beiden Güter lauten:

$$\frac{\partial U}{\partial x_1} = x_2 + 1 \qquad\qquad \frac{\partial U}{\partial x_2} = x_1 + 2$$

Die Grenzrate der Substitution des Gutes 1 durch das Gut 2 ist:

$$\left|\frac{dx_1}{dx_2}\right| = \frac{x_1 + 2}{x_2 + 1}$$

Optimaler Verbrauchsplan $(x_1{}^*, x_2{}^*)$ für diesen Haushalt: $x_1{}^* = 3$ und $x_2{}^* = 1$. Erreichtes Nutzenniveau: $U = 8$.

(1) b)

Optimaler Verbrauchsplan $(x_1{}^*{}_{neu}, x_2{}^*{}_{neu})$ für diesen Haushalt: $x_1{}^*{}_{neu} = 22$ [$x_1{}^*{}_{neu} = 0$] und $x_2{}^*{}_{neu} = 0$ [$x_2{}^*{}_{neu} = 11$]. {Die mathematisch korrekte Lösung ist nicht realisierbar, weil sie bezüglich des Gutes 2 [des Gutes 1] eine negative Verbrauchsmenge ergibt, was ökonomisch nicht möglich ist. Deshalb ist auf das nächst höchste mögliche Nutzenniveau herunter zu gehen. Das wird dort erreicht, wo die

Verbrauchsmenge für Gut 2 [Gut 1] Null ist und das ganze Budget für Gut 1 [Gut 2] ausgegeben wird.} Erreichtes Nutzenniveau U_{neu} = 22 [U_{neu} = 22].

(2) a)

Optimaler Verbrauchsplan ($x_1^*{}_W$, $x_2^*{}_W$) nach der Werbemaßnahme für diesen Haushalt: $x_1^*{}_W$ = 4,25 und $x_2^*{}_W$ = 0,5. Erreichtes Nutzenniveau: U_W = 11,625.

Durch die Werbemaßnahme ist das Gut 1 in den Augen der Konsumenten wertvoller geworden. Dies führt einerseits dazu, dass Gut 2 durch das nunmehr begehrenswertere Gut 1 (teilweise) substituiert wird. Zugleich steigt der Gesamtnutzen, der aus dem mit gleich bleibendem Budget finanzierten Konsum gezogen wird. Die Werbemaßnahme wäre damit volkswirtschaftlich sinnvoll, sofern nicht die Kosten der Werbemaßnahme zu einer Wohlfahrts (= Nutzen)abnahme führt, die größer ist als der Nutzenzuwachs durch den Konsum.

(2) b)

Optimaler Verbrauchsplan ($x_1^*{}_{neuW}$, $x_2^*{}_{neuW}$) nach der Werbemaßnahme für diesen Haushalt: $x_1^*{}_{neuW}$ = 22 [$x_1^*{}_{neuW}$ = 0] und $x_2^*{}_{neuW}$ = 0 [$x_2^*{}_{neuW}$ = 11] {Siehe Lösung zu (1) (b)} Nutzenniveau: U_{neuW} = 44 [U_{neuW} = 22].

Aufgabe IV.11

a)

$$\frac{\frac{\partial U}{\partial x}}{\frac{\partial U}{\partial y}} = \frac{0,3x^{-0,7} \cdot y^{0,7}}{0,7x^{0,3} \cdot y^{-0,3}}$$

b) Die Grenzrate der Substitution beträgt in diesem Punkt: **0,428**.

156

c)

Gut X	Gut Y	Grenznutzen in Bezug auf Gut x	Grenznutzen in Bezug auf Gut y	Grenzrate der Substitution
2	7,405	0,75	0,472	1,589
5	5	0,3	0,70	0,428
10	3,715	0,15	0,942	0,159
20	2,761	0,075	1,267	0,059
30	2,319	0,049	1,508	0,032

d) Die letzte Spalte der Tabelle zeigt die abnehmende Grenzrate der Substitution.

Aufgabe IV.12

Der Haushalt sollte **52** ME von Gut x kaufen

Der Haushalt sollte **15** ME von Gut y kaufen.

Lösungsweg:

Im Nutzenmaximum gilt:

$$\frac{U'(x)}{P_x} = \frac{U'(y)}{P_y}$$ Ausgleich der gewogenen Grenznutzen

Probe 1:

Ausgaben A = 1.698

$$52\ ME \cdot \frac{24,\text{-}\ €}{ME} + 15\ ME \cdot \frac{30,\text{-}\ €}{ME} = 1.698,\text{-}\ €$$

Probe 2:

$$\frac{U'(x)}{P_x} = \frac{U'(y)}{P_y}$$

$$27 \quad = \quad 27$$

Aufgabe IV.13

Herr H. sollte von x_1 **6** Mengeneinheiten erwerben.

Herr H. sollte von x_2 **16** Mengeneinheiten erwerben.

Lösung über Lagrange-Funktion:

$$L = x_1^{0,2} \cdot x_2^{0,8} + \lambda(600 - 20x_1 - 30x_2)$$

Aufgabe IV.14

Der Haushalt sollte:

von Gut x_1 **15** Mengeneinheiten einkaufen.

von Gut x_2 **5** Mengeneinheiten einkaufen.

Lösung über die Lagrange-Funktion:

$$L = x_1^{0,5} \cdot x_2^{0,5} + \lambda(300 - 10x_1 - 30x_2)$$

Aufgabe IV.15

a) Die Lösung erhält man unter Verwendung der folgenden Lagrangefunktion:

$$L = c \cdot T_F - 5 \cdot T_F + \lambda \cdot (19605 - 40 \cdot T_F - c)$$ Es ergibt sich: Freizeit $T_F = 245$; Konsum c = 9805; Arbeitszeit $T_A = 235$. Der Nutzen

158

des Haushalts im Optimum beträgt 2401000. Das Arbeitseinkommen des Haushalts beträgt 9400 Geldeinheiten.

b) 1. Es ergibt sich: Freizeit T_F = 242,5; Konsum c = 19405; Arbeitszeit T_A = 237,5. Der Nutzen des Haushalts im Optimum beträgt 4704500. Das Arbeitseinkommen des Haushalts beträgt 9400 Geldeinheiten.

2. Höhe des Substitutionseffekts auf den Konsum = +4059,2

Höhe des Vermögenseffekts auf den Konsum = +5540,8

Höhe des Gesamteffekts auf den Konsum = +9600

Höhe des Substitutionseffekts auf die Freizeit = -71,76

Höhe des Vermögenseffekts auf die Freizeit = +69,26

Höhe des Gesamteffekts auf die Freizeit = -2,5

Aufgabe IV.16

a) Die Lösung erhält man unter Verwendung der folgenden Lagrangefunktion:

$$L = 700 \cdot c - 0,05 \cdot c^2 + 10000 \cdot T_F - 10 \cdot T_F^2 + \lambda \cdot (8000 - 20 \cdot T_F - c)$$

Es ergibt sich: Freizeit T_F = 200; Konsum c = 4000; Arbeitszeit T_A = 160. Der Nutzen des Haushalts im Optimum beträgt 3600000. Das Arbeitseinkommen des Haushalts beträgt 3200 Geldeinheiten.

b) Es ergibt sich: Freizeit T_F = 175; Konsum c = 3750; Arbeitszeit T_A = 185. Der Nutzen des Haushalts im Optimum beträgt 3365625. Das Arbeitseinkommen des Haushalts beträgt 3700 Geldeinheiten.

c) Es ergibt sich: Freizeit T_F = 246,67; Konsum c = 1933,3; Arbeitszeit T_A = 113,33. Der Nutzen des Haushalts im Optimum beträgt 3024666. Das Arbeitseinkommen des Haushalts beträgt 1133,3 Geldeinheiten.

Aufgabe IV.17

a) Freizeit und Einkommen stehen für den betrachteten Haushalt in einem Verhältnis der alternativen Substitutionalität.

b.1) Budgetgleichung: $y = w \cdot (16 - F) = 16 \cdot w - w \cdot F$ [bzw., beim angegebenen Lohnsatz, $Y = 384 - 24 \cdot F$].

b.2) $U_L = (F + 2) \cdot (Y + 72) - 144 + \lambda \cdot (16 \cdot w - w \cdot F - Y)$ [bzw., beim angegebenen Lohnsatz,
$U_L = (F + 2) \cdot (Y + 72) - 144 + \lambda \cdot (384 - 24 \cdot F - Y)$].

Die Bedingungen 1. Ordnung für ein Maximum der Lagrange-Funktion lauten:

$$\frac{\partial U_L}{\partial F} = Y + 72 - \lambda \cdot w \overset{!}{=} 0 \quad [\text{bzw. } \frac{\partial U_L}{\partial F} = Y + 72 - \lambda \cdot 24 \overset{!}{=} 0]$$

$$\frac{\partial U_L}{\partial Y} = F + 2 - \lambda \overset{!}{=} 0,$$

$$\frac{\partial U_L}{\partial \lambda} = 16 \cdot w - F \cdot w - Y \overset{!}{=} 0 \quad [\text{bzw. } \frac{\partial U_L}{\partial \lambda} = 384 - F \cdot 24 - Y \overset{!}{=} 0].$$

Anwendung des 2. Gossenschen Gesetzes (Ausgleich der Grenznutzen des Geldes [Vgl. Behrens/Kirspel, S. 45 ff.]),

$$\frac{\frac{\partial U}{\partial F}}{w} = \frac{\partial U}{\partial Y}, \quad \text{ergibt: } \quad \frac{Y + 72}{w} = F + 2 \quad [\text{bzw. } \frac{Y + 72}{24} = F + 2]. \text{ Dies}$$

kann auch aus den ersten beiden der obigen Bedingungen gewonnen werden.

Ergebnisse: F* = 8,5 Std.; Y* = 180,- GE; AZ* = 7,5 Std.; U* = 2502 Einheiten.

b.3) $F^{\cdot}(w) = 7 + \frac{36}{w} [\text{Std.}]$; $AZ^{\cdot}(w) = 9 - \frac{36}{w} [\text{Std.}]$.

b.4)

w [GE]	F* [Std.]	AZ* [Std.]	Y* [GE]	U* [Einh.]
10	10,6	5,4	54	1443,6
18	9	7	126	2034
24	8,5	7,5	180	2502
36	8	8	288	3456
40	7,9	8,1	324	3776,4

Aufgabe IV.18

In Anlehnung an Launhardt (1885), S. 95, ergibt sich folgendes Bild:

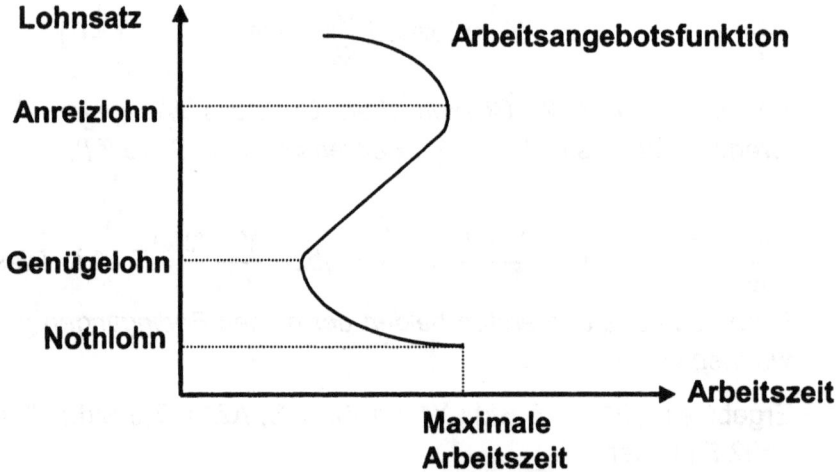

(Quelle: Behrens/Kirspel, S. 306.)

Wird der Genügelohn mit der dem Schaubild zu entnehmenden zugehörigen Arbeitszeit multipliziert, erhält man gerade das Existenzminimum. Sinkt der Lohnsatz weiter, so muss zum Erhalt des Existenzminimums entsprechend mehr gearbeitet werden (d. h. die

Fläche Lohnsatz · Arbeitszeit muss konstant sein, woraus sich unterhalb des Genügelohns ein hyperbolischer Verlauf der Arbeitsangebotsfunktion ergibt). Unterhalb des Nothlohns kann es keine Arbeitsangebotskurve geben, weil hier absolute Not herrscht, denn das Existenzminimum wird in einer gerade noch physisch möglich langen Arbeitszeit erwirtschaftet. Steigt der Lohn über den Genügelohn, so geht von ihm zunächst ein Anreiz aus, mehr zu arbeiten, um den Lebensstandard zu erhöhen. Dies ist bis zum Anreizlohn der Fall. Darüber hinausgehende Erhöhungen des Lohnsatzes werden auch für Freizeitgewinne genutzt, so dass das Arbeitsangebot wieder zurück geht. Da Lohnerhöhungen einen Substitutionseffekt haben, der zu Lasten der Freizeit und zu Gunsten der Arbeitszeit geht und einen Einkommenseffekt, der, sofern angenommen wird, dass Freizeit ein superiores Gut ist, bewirkt, dass ein Teil der Realeinkommenszunahme in Freizeit umgesetzt wird, überwiegt im steigenden Teil der Arbeitsangebotskurve der Substitutionseffekt über den Einkommenseffekt, während da, wo mit steigenden Lohnsätzen ein rückläufiges Arbeitsangebot zu verzeichnen ist, der Einkommenseffekt den Substitutionseffekt dominiert.

Vgl. z. B. Behrens/Kirspel, S. 300 – 311, Behrens (1988), S. 111 ff. Zu einem solchen Verlauf vgl. z. B. auch Schumann (1992), S. 114, Schumann/Meyer/Ströbele (1999), S. 103 – 106, Stobbe (1991), S. 152 ff., Woll (2000), S. 255 f., Stiglitz (1999), S. 228 f., Bartling/Luzius (2000), S. 160 – 164.

Aufgabe IV.19

a) Die Lösung erhält man unter Verwendung der folgenden Lagrangefunktion: $L = c_1 \cdot (c_2 + 220) + \lambda \cdot (c_1 + \frac{c_2}{1,1} - 12000)$

Es ergibt sich: $c_1 = 4100$; $c_2 = 4290$. Die Höhe der Ersparnis in Periode 1 beträgt –100 Geldeinheiten.

b) Es ergibt sich: $c_1 = 6100$; $c_2 = 6490$. Die Höhe der Ersparnis in Periode 1 beträgt –100 Geldeinheiten.

c) Es ergibt sich: $c_1 = 6100$; $c_2 = 6490$. Die Höhe der Ersparnis in Periode 1 beträgt 1900 Geldeinheiten.

Aufgabe IV.20

a) Die Lösung erhält man unter Verwendung der folgenden Lagrangefunktion: $L = c_1^{0,5} + c_2^{0,5} + \lambda \cdot (c_1 + \frac{c_2}{1,1} - 3000)$.

Es ergibt sich: c_1 = 1428,57; c_2 = 1728,57. Die Höhe der Ersparnis in Periode 1 beträgt 571,43 Geldeinheiten.

b) Es ergibt sich: c_1 = 1325,76; c_2 = 1909. Die Höhe der Ersparnis in Periode 1 beträgt 674,24 Geldeinheiten.

Aufgabe IV.21

Normalfall:

Engelsche Kurve

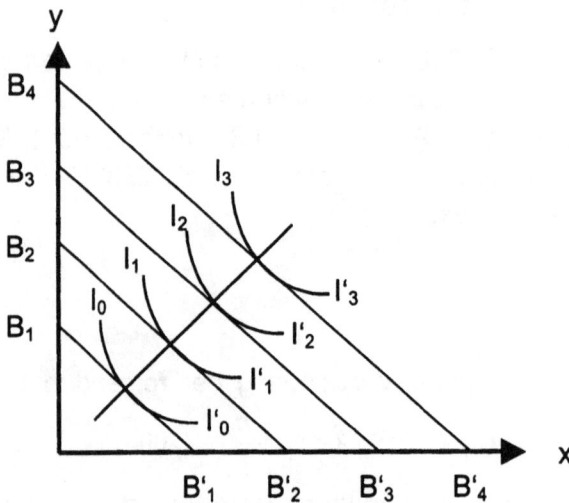

Sonderfall:

y = superiores Gut

x = inferiores Gut

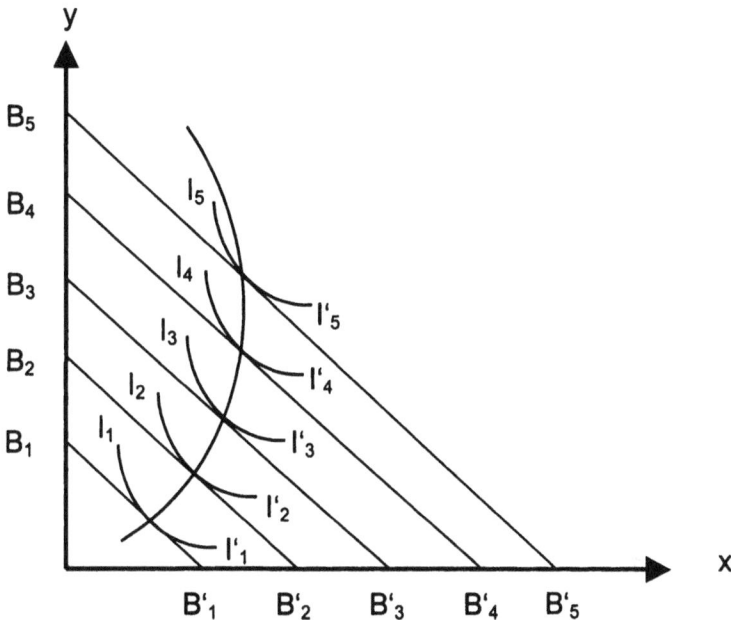

Aufgabe IV.22

Den geometrischen Ort aller durch Einkommensvariationen entstehender optimaler Verbrauchspläne in der (x_1, x_2)-Ebene nennt man „Einkommen-Konsum-Kurve". Wird der so (entsprechend der Einkommen-Konsum-Kurve) gefundene Zusammenhang zwischen dem Einkommen und der nachgefragten Menge eines Gutes abgebildet, erhält man die „Einkommen-Nachfrage-Kurve", die auch als „Engelsche Kurve" bezeichnet wird. Bewertet man nun die in Abhängigkeit von Einkommen nachgefragte Menge des Gutes, indem man sie mit dem Preis dieses Gutes multipliziert, bekommt man den Zusammenhang zwischen Einkommen und der Ausgabensumme für dieses Gut. Die (mathematische) Abbildung dieses Zusammenhangs heißt „Mikroökonomische Konsumfunktion". Eine

„Preis-Konsum-Kurve" ist der geometrische Ort aller optimaler Verbrauchspläne bei Variation *eines* Preises in der (x_1, x_2)-Ebene. Die Aussage des *„Engel-Schwabesche-Gesetzes"* bezieht sich auf die Mikroökonomische Konsumfunktion. Es besagt, dass mit steigendem Einkommen die Ausgaben für Nahrungsmittel und für Mieten unterproportional zunehmen.

Literatur: Die Zusammenhänge finden sich in (fast) jedem Lehrbuch zur Mikroökonomie.

Aufgabe IV.23

a) *Einkommen-Nachfrage-Kurven* des Haushalts geben die mengenmäßige Nachfrage in Abhängigkeit vom Einkommen des Haushalts an. Man erhält sie, indem man die Kaufsumme in der Mikroökonomischen Konsumfunktion durch den entsprechenden Gutspreis dividiert. Sie lauten hier:

$$x_1 = \frac{1}{40} y \text{ und } x_2 = \frac{3}{20} y .$$

b) Die *Einkommen-Konsum-Kurve* (EKK) des Haushalts zeigt an, in welchem optimalen Verhältnis die Güter von Haushalt bei verschiedenen Einkommensniveaus konsumiert werden. Hier erhalten wir als Funktion $x_1 = f(x_2)$: $x_1 = \frac{1}{6} x_2$. Hier ist demnach das optimale Verbrauchsmengenverhältnis vom Einkommensniveau unabhängig. Die konkreten Nachfragemengen erhält man dann aus der konkreten Budgetgleichung.

c) Ein „inferiores Gut" ist ein Gut, von dem bei Einkommenssteigerungen weniger nachgefragt wird, während ein „superiores Gut" eines ist, das bei Einkommenssteigerungen vermehrt nachgefragt wird. Folglich handelt es sich hier bei den beiden Gütern 1 und 2 um für den betreffenden Haushalt superiore Güter.

Aufgabe IV.24

a) In ein Preis-Mengen-Diagramm, auf deren Abszisse die Ausbringungsmenge und auf deren Ordinate der Preis steht, ist die normal verlaufende Nachfragekurve mit einem starren Angebot, das links von der Sättigungsmenge verläuft, zu zeichnen. Es ist zu erläutern, welche Folgen es hat, dass der Marktmechanismus nicht zur Bewirtschaftung des knappen Gutes genutzt wird, insbesondere, welche Folgen die Nichtnutzung der Zuteilungsfunktion freier Marktpreise hat.

b) Anhand des gleichen Diagramms ist zu zeigen, welche Folgen eine Anpassung der Angebotsmenge an die Sättigungsmenge hat. Zudem ist zu zeigen, was geschieht, wenn ein nicht markträumender (aber vielleicht kostendeckender) Preis genommen wird.

c) Da es sich um ein inferiores Gut handelt, wird die Nachfrage nach diesem Gut in einer wachsenden Wirtschaft sinken. Darzulegen sind die Folgen dieses Sinkens im Falle der jeweiligen Lösungen unter **b)**.

Vgl. zu diesem Problem Behrens/Kirspel, S. 339 – 344.

Aufgabe IV.25

a) Der Begriff des Snobeffektes beschreibt die Nachfrage auf Gütermärkten, die mit Zunahme der Nachfrage infolge einer Preisreduktion zu einem relativen Absinken der Nachfrage führt („Prestigekäufer" steigen aus dem Markt aus, weil der Massenkonsum als störend empfunden wird).

b) Der Vebleneffekt, dessen Bezeichnung auf den amerikanischen Nationalökonomen T. Veblen (1857 – 1929) zurückgeht, beschreibt ein Nachfrageverhalten am Markt, bei dem durch eine Preiserhöhung die Nachfrage nach einem Konsumgut zunimmt.

c) Der Mitläufereffekt bezeichnet die Nachfrage nach einem Gut, die durch die Tatsache gesteigert wird, dass der Konsum anderer Nachfrager gewissermaßen einen Trend erkennen lässt.

Der Nachfrager, der dem Mitläufereffekt unterliegt, orientiert sich dabei an einer gesellschaftlichen Bezugsgruppe, mit der er sich identifiziert.

Aufgabe IV.26

a) Der typische Haushalt erwirbt Einkommen, indem er auf den Faktorenmärkten Produktionsfaktoren anbietet, aus deren Einsatz er Einkommen erzielt: *Faktoreinkommen*. Die den entsprechenden Produktionsfaktoren zuzurechnenden Einkommensarten und ihre Bestimmungsgründe sind der folgenden Tabelle zu entnehmen.

Eingesetzter Pro-duktionsfaktor:		Einkommensart:	Bestimmung der Einkommens-höhe:
Arbeit	dispositive	Unternehmerlohn	vertraglich oder kalkulatorisch
	ausführende	Lohn	
Boden		Bodenrente (Mieten und Pachten)	
Kapital		Zins	
Unternehmerinitiative		Gewinn	residual (als Rest)

Außer den Faktoreinkommensarten erhalten viele Haushalte noch Einkommen ohne Gegenleistung: *Transfereinkommen*. Es handelt sich um rechtlich in ihrer Höhe bestimmte Einkommen, wie z. B. die Sozialhilfe, Stipendien, Renten und Pensionen, Arbeitslosengeld und -hilfe und anderes mehr.

b) Nachdem der typische Haushalt Einkommen erworben hat, muss er über die Verwendung des Einkommens entscheiden. Dabei wird üblicherweise ein Teil des Einkommens gespart, so dass das Problem der Vermögensanlage entsteht.

Durch das Sparen entsteht dem Haushalt zunächst einmal Geldvermögen, das es nutzenmaximierend auf verschiedene Vermögensanlageformen aufzuteilen gilt. Einen Teil wird der Haushalt weiterhin in Form von Geldvermögen halten, wobei es, je nach Risiko der Anlage und der mittleren Rendite der Anlage die unterschiedlichsten Anlageformen gibt. Einen anderen Teil wird er in Form von Sachvermögen halten, d. h. er wird Anteile am Produktivvermögen erwerben sowie langlebige Konsumgüter. Nicht vergessen werden darf aber auch die Möglichkeit des Haushalts, vorübergehend auf Einkommenserwerb zu verzichten, um Humankapital zu bilden. Dieses kann ebenfalls vornehmlich als Konsumgut (Nutzung größerer Möglichkeiten der unmittelbar Nutzenstiftenden individuellen Lebensgestaltung) oder als Investitionsgut (Nutzung größerer Möglichkeiten des Einkommenserwerbs, aus dessen Verwendung dann größerer Nutzen fließt) dienen.

Nach *Milton Friedman* kann man die folgenden fünf möglichen Formen der Vermögenshaltung und die angegebenen daraus fließenden Erträge unterscheiden:

Form der Vermögenshaltung:	Erträge (grob skizziert):
Geld	Naturalien (Bequemlichkeit, Sicherheit ...)
Obligationen	Nominalrendite der Obligationen
Anteilswerte	Nominalrendite der Anteilswerte
Physische nicht-menschliche Güter	Naturalien
Menschliches Kapital	Nutzen oder Einkommen

Vgl. zu den drei ökonomischen Grundproblemen des Haushalts z. B. Stobbe (1991), S. 68 ff. oder andere Lehrbücher zur Mikroökonomik, z. B. Schumann/Meyer/Ströbele (1999) oder, insbesondere zu den Einkommensarten und ihre Bestimmung, Helmstädter (1991). Zu den Vermögenshaltungsformen nach M. Friedman vgl. Friedman (1976), S. 80 ff. Kurz bei Behrens (2004), S. 141 f.

Aufgabe IV.27

a) Rückgang der Nachfrage um **0,15 Mill. Liter.**

b) Absenkung des Preises auf **1,2 €**.

Aufgabe IV.28

a) Die **Einkommenselastizität der Nachfrage** definiert das Verhältnis der relativen Nachfrageänderung zu einer relativen Änderung des Einkommens:

$$E_{(E)} = \frac{\dfrac{dx}{x_0}}{\dfrac{dE}{E_0}}$$

b) Das Einkommen des Haushalts beträgt heute: **3.500,- €**.

c) Die direkte Preiselastizität der Nachfrage beträgt: **0,646**.

Aufgabe IV.29

a) Die Einkommenselastizität der Nachfrage beträgt: **5/3**

b) Die Preiselastizität der Nachfrage beträgt: **3/7**

c) Der erforderliche Benzinpreis beträgt: **3,- €**

Aufgabe IV.30

Elastizität:	Kennzeichnung der Güter/der Güterbeziehungen:
$0 < \varepsilon_{x,y} < 1$	Gut 1 ist ein superiores (normales) Gut [bei manchen Autoren: relativ inferiores Gut].

$1 < \varepsilon_{x_1 y} < \infty$	Gut ist ein superiores (normales) Gut [bei manchen Autoren: superiores Gut].
$\varepsilon_{x_1 y} < 0$	Gut 1 ist ein inferiores Gut [bei manchen Autoren: absolut inferiores Gut].
$\varepsilon_{x_1 y} = 0$	Gut 1 ist ein Sättigungsgut.
$\varepsilon_{x_1 p_2} > 0$	Die Güter 1 und 2 sind substitutive Güter (wobei bezüglich Gut 1 der Substitutionseffekt der Preiserhöhung bei Gut 2 absolut den Einkommenseffekt dieser Preiserhöhung übersteigt).
$\varepsilon_{x_1 p_2} < 0$	Die Güter 1 und 2 sind entweder substitutive Güter (wobei bezüglich Gut 1 der Einkommenseffekt der Preiserhöhung bei Gut 2 absolut den Substitutionseffekt dieser Preiserhöhung übersteigt) oder sie sind komplementäre Güter.
$\varepsilon_{x_1 p_2} = 0$	Die Güter 1 und 2 sind substitutive Güter (wobei bezüglich Gut 1 der Einkommenseffekt der Preiserhöhung bei Gut 2 absolut dem Substitutionseffekt dieser Preiserhöhung entspricht).
$\varepsilon_{x_1 p_1} < 0$	X_1 reagiert normal auf Preiserhöhungen des Gutes 1. Gut 1 kann ein superiores Gut sein oder, wenn der Einkommenseffekt der Preiserhöhung den Substitutionseffekt absolut nicht überwiegt, ein inferiores Gut.
$\varepsilon_{x_1 p_1} > 0$	X_1 reagiert anormal auf Preiserhöhungen des Gutes 1. Gut 1 ist ein inferiores Gut, wobei der Einkommenseffekt der Preiserhöhung den Substitutionseffekt absolut überwiegt. Ein solches Gut wird Giffen-Gut genannt, der Effekt als Giffen-Paradox.

Vgl. z. B. Behrens/Kirspel, S. 105 – 108, 83 – 85, 292 f., Woll (2000), S. 140 – 151, Hardes/Mertes/Schmitz (1997), S. 145 f.

Aufgabe IV.31

Als wesentliche vier Gruppen von Individuen können insbesondere die Eigenkapitalgeber, die Fremdkapitalgeber, die Manager und die Mitarbeiter betrachtet werden. (Daneben wirken natürlich noch die Vorlieferanten und die Kunden wesentlich auf das Unternehmensgeschick ein.) Die Eigenkapitalgeber sind dabei an Kapitalerhalt bzw. -mehrung und Ausschüttung einer angemessenen Dividende (Eigenkapitalrendite) interessiert. Die Fremdkapitalgeber wollen Zins und Tilgung für die vergebenen Kredite und sind an der Solidität des Unternehmens interessiert, um eine längerfristige Verbindung aufbauen zu können. Die Manager sind an beruflicher Karriere und hoher Entlohnung interessiert. Dazu müssen sie das Unternehmen hinsichtlich Gewinn und Unternehmensentwicklung positiv führen. Die Mitarbeiter sind schließlich an einem festen Arbeitsplatz mit guten Entwicklungsmöglichkeiten und angenehmem Arbeitsklima und einem guten und möglichst wachsendem, aber nicht zu stark schwankenden Lohn oder Gehalt interessiert.

All diese Ziele der typischen Individuen der Teilnehmergruppen können am besten in Unternehmen realisiert werden, die überdurchschnittliche Gewinne realisieren. Diese Voraussetzung für die Stabilität und das Wachstum der Unternehmen und stabilisieren damit die Quelle, aus denen sich die Ziele der Mitglieder der Koalition zu ihrer Befriedigung speisen. Deshalb kann das Gewinnziel als ein Ziel angesehen werden, das im eigenen Interesse alle Teilnehmer an der Unternehmung als gemeinsames Unternehmensziel verfolgen sollten.

Literatur zur modernen Unternehmenssicht ist vielfältig. Beispielhaft sei auf Richter/Furubotn (1996, 1999), Kap. VIII. verwiesen. Vgl. z. B. kurz auch Schumann/Meyer/Ströbele (1999), S. 123 ff., S. 459 – 490 oder den Aufsatz von Schüller (1983), insbes. S. 161 – 176.

Aufgabe IV.32

Da es sich hier ausschließlich um Prozesse linear-limitationaler Produktionsfunktionen handelt, ist in der letzten Spalte der Tabelle als jeweiliger Homogenitätsgrad stets der Wert 1 einzusetzen.

a) Technisch effizient sind die Prozesse I, II, IV, VI und VIII.

b.1) Ökonomisch effizient sind bei den angegebenen Preisen die Prozesse IV und VI.

b.2) Die ökonomisch effiziente Produktion der Ausbringungsmenge $x = 150$ verursacht Kosten in Höhe von 5.400,- €.

b.3) Bei dem angegebenen Preis für das Outputgut und einer abgesetzten Produktion von 120 Stück wird ein Gewinn von 840,- € erzielt.

Aufgabe IV.33

a) Im folgenden Schaubild sind die Prozesse I und II eingezeichnet. Die jeweiligen Produktionspunkte für $\bar{x} = 100$ sind als Punkte auf dem entsprechenden Prozessstrahl angebracht. (Als Maßeinheiten für die Faktoreinsätze dienen die Kästchen {Eine Einheit v_1 gleich Höhe des Kästchens; eine Einheit v_2 gleich Breite des Kästchens.})

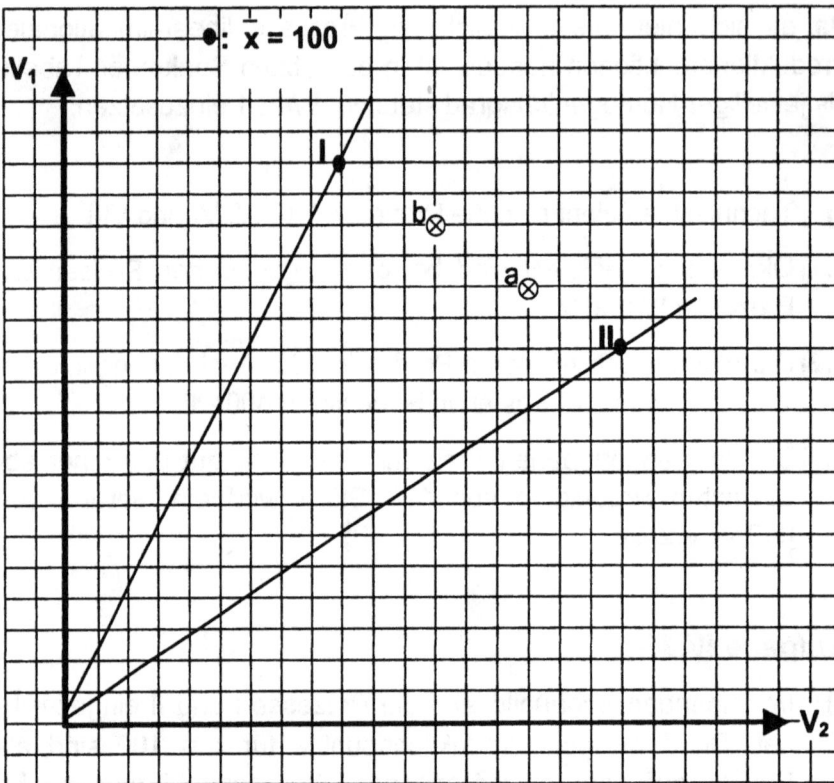

b) Fall 1): $v_1 = 14$ und $v_2 = 15$.

Fall 2): $v_1 = 16$ und $v_2 = 12$.

Die beiden Ergebnisse sind in das obige Koordinatensystem mit den beiden Prozessen I und II als $\otimes$ eingezeichnet.

Die Möglichkeit b ist bei den angegebenen Faktorpreisen ökonomisch sinnvoller. Der Gewinn beträgt in diesem Fall G = 70,- GE. Dieser Gewinn ist um 7,- GE größer als der Gewinn, der im Fall a entstünde. Er ist allerdings auch um 7,- GE kleiner als der Gewinn, der bei in der Planungsperiode ökonomisch effizienter Produktion entstünde. Der Verzicht auf diese Gewinnmöglichkeit kann als Bereitschaft interpretiert werden, zu entsprechenden Kosten prozessbezogenes Wissen der Mitarbeiter zu bewahren. Dies kann sinnvoll sein, wenn das Wissen bei Konzentration allein auf einen Prozess verloren geht und Erwartungen berechtigt sind, dass es zu spürbaren Änderungen der relativen Preise der Produktionsfaktoren kommen kann, so dass dann auf den anderen Prozess übergegangen werden müsste.

c) $v_1(\lambda) = 0,12 \cdot \bar{x} + 0,06 \cdot \bar{x} \cdot \lambda$ und $v_2(\lambda) = 0,18 \cdot \bar{x} - 0,09 \cdot \bar{x} \cdot \lambda$.

bei $\bar{x} = 100 \Rightarrow v_1(\lambda) = 12 + 6 \cdot \lambda$ und $v_2(\lambda) = 18 - 9 \cdot \lambda$.

[Ergänzende Anmerkung: Daraus kann für eine gegebene Ausbringungsmenge $\bar{x}$ eine Kostenfunktion in Abhängigkeit von λ ermittelt werden. Für $\bar{x} = 100$ ergibt sich beispielsweise: $K(\lambda) = 714 - 21 \cdot \lambda$.]

Aufgabe IV.34

a) Im folgenden Schaubild sind die Prozesse I bis X eingezeichnet. Die jeweiligen Produktionspunkte für $\bar{x} = 100$ sind als Punkte auf dem entsprechenden Prozessstrahl angebracht. (Als Maßeinheiten für die Faktoreinsätze dienen die Kästchen {Eine Einheit v_1 gleich Höhe des Kästchens; eine Einheit v_2 gleich Breite des Kästchens.})

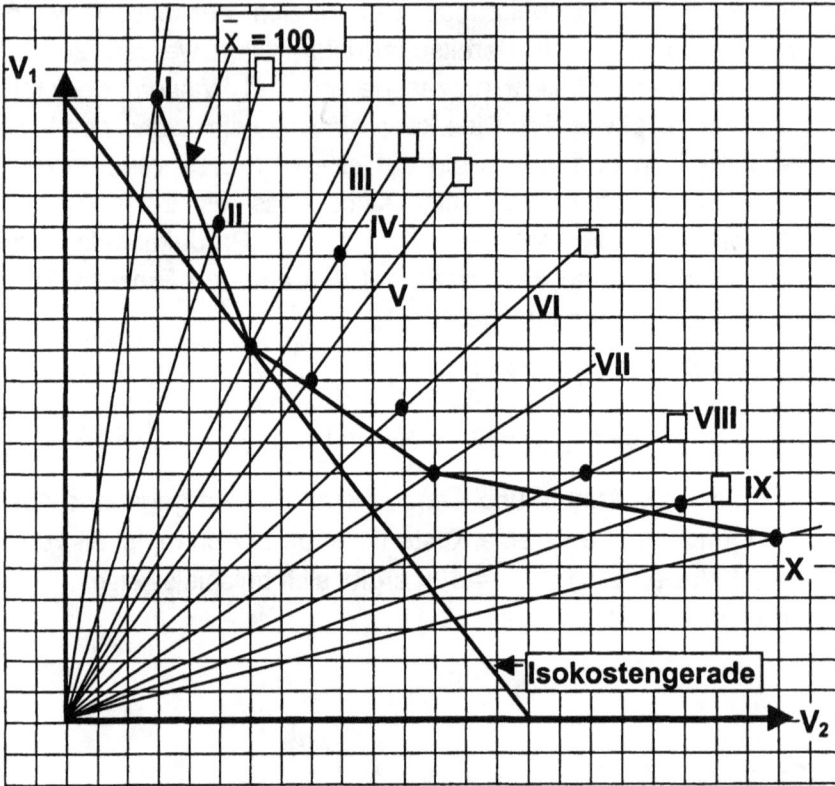

b) Technisch effiziente Prozesse: I, III, VII, X. Die technisch nicht effizienten Prozesse sind im obigen Schaubild mit einem □ gekennzeichnet. Die Isoquante für $\bar{x} = 100$ ist die eingezeichnete durchgezogene Linie gleicher Ausbringung, die die technisch effizienten Prozesse verbindet.

c) Die Isokostengerade bei $p_1 = 150{,}-$ € und $p_2 = 200{,}-$ €, für die gilt, dass die Ausbringungsmenge $\bar{x} = 100$ mit minimalen Kosten hergestellt wird [Minimalkostenkombination] ist im Schaubild als Tangente an der Isoquanten bei Prozess III zu finden, der somit der ökonomisch effiziente Prozess ist.

d) In der langfristigen Entscheidungssituation sind beide Faktoreinsätze frei wählbar, wobei aus den möglichen Prozessen auszuwählen ist. Da der Prozess III der ökonomisch effiziente Prozess ist, ist die Ausbringung entlang diesem Prozess herzustellen. Man erhält aus den Angaben als *langfristige Kosten-funktion* $K_l = (0,12 \cdot p_1 + 0,06 \cdot p_2) \cdot x$ [€]. Bei den angegebenen Preisen also $K_l(x) = 30 \cdot x$. Die zugehörige Grenzkostenfunktion lautet:

$$\frac{dK_l}{dx} = 30, \text{ die Durchschnittskostenfunktion } \frac{K_l}{x} = 30.$$

e) Dass der Einsatz des Faktors 1 feststeht und in der Planungsperiode nicht variiert werden kann, hat zwei Folgen: Erstens gibt es nunmehr Fixkosten in Höhe von $p_1 \cdot v_1 = 2.700,- $ €. Zweitens limitiert der fixe Faktor die Produktion auf x = 150 Stück, weil (gem. Angaben in der Tabelle) der Faktor 1 bei dieser Produktionsmenge zum Engpassfaktor wird und dort somit die mögliche Produktion begrenzt. Die *kurzfristige Kostenfunktion* lautet deshalb: $K(x) = 2.700,- + 12 \cdot x$[€], für $0 \le$ x $\le$ 150. Die zugehörige Grenzkostenfunktion lautet: $\frac{dK}{dx} = 12$, die Durchschnittskostenfunktion $\frac{K}{x} = \frac{2.700}{x} + 12$ für $0 \le x \le 150$.

f) **1. Frage:** Da hier bis zur Kapazitätsgrenze von x = 150 Stück gilt: $p_x > k_v$ (= K'), gibt es positive Deckungsbeiträge, d. h., es wird entsprechend der Kapazitätsgrenze produziert. Bei p_x = 21,- € folgt als Ausbringungsmenge x = 150 Stück und als Differenz zwischen Erlösen und Kosten ergibt sich: –1.350,- €, ein (minimaler) Verlust.

2. Frage: Die langfristige Kostenfunktion zeigt, dass nunmehr gilt: $p_x < k_{lv}$ (K$_l$'). Es folgt: x = 0 und Erlös – Kosten = 0.

Als Literaturstelle zu den Lösungswegen sei beispielhaft auf Behrens/Peren, passim, verwiesen.

Aufgabe IV.35

a) Ökonomisch effizienter Prozess: III; (Minimal-)Kosten für 100 Stück = 2079,- €; Gewinn bei 100 Stück = 231,- €.

b) Ökonomisch effiziente Prozesse: I und III; (Minimal-)Kosten für 100 Stück = 2268,- €; Gewinn bei 100 Stück = 42,- €.

c) Der Prozess II kann niemals ökonomisch effizient sein, weil er schon technisch nicht effizient ist. Da auf jedem der Prozesse auch Teilmengen einer vorgegebenen Ausbringungsmenge hergestellt werden können, könnte beispielsweise eine Menge von x = 100 je zur Hälfte auf Prozess I und auf Prozess III produziert werden. Dann ergäben sich als Faktoreinsatzmengen: $v_1 = 0,5 \cdot v_{1I} + 0,5 \cdot v_{1III}$ und $v_2 = 0,5 \cdot v_{2I} + 0,5 \cdot v_{2II}$. Bei x = 100 ergibt sich aus den Zahlen der Tabelle: $v_1 = 15$ und $v_2 = 13,5$. Die Einsatzmenge des Faktors 1 entspricht dann der auf Prozess II, aber die Einsatzmenge des Faktors 2 ist um 1,5 Stück kleiner als die auf Prozess II bei gleicher Ausbringungsmenge.

d) Alle drei Produktionsprozesse der Produktionsfunktion der Firma *Triprozess GmbH* weisen einen Homogenitätsgrad von 1 auf. Das bedeutet, dass eine Vervielfachung des Einsatzes der Produktionsfaktoren um den Faktor $\lambda > 0$ zu einer Vervielfachung der Ausbringungsmenge um den Faktor λ führt. Die Skalenelastizität entspricht dem Homogenitätsgrad. Die Größe gibt an, um wie viel Prozent der Output steigt, wenn die Faktoreinsatzmengen um 1 Prozent erhöht werden. Da hier die Skalenelastizität 1 ist, steigt dann der Output ebenfalls um 1 Prozent.

Aufgabe IV.36

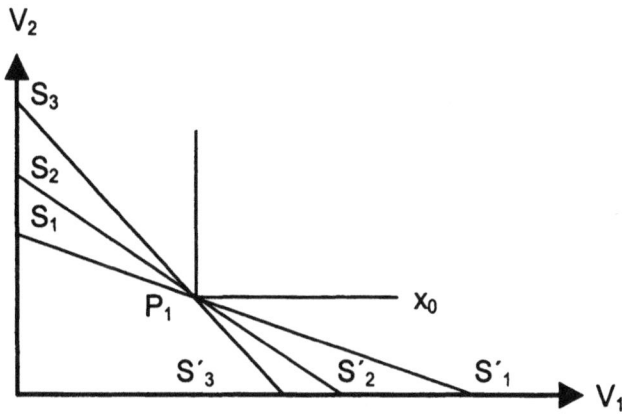

Aufgabe IV.37

Es lassen sich maximal 50 Stühle herstellen.

Aufgabe IV.38

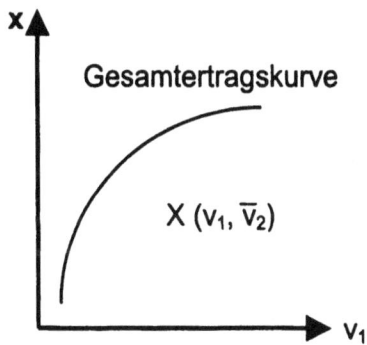

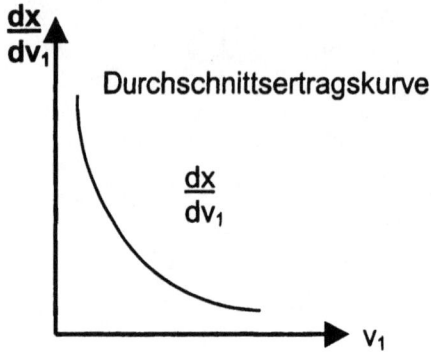

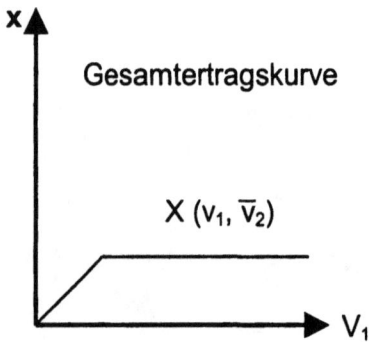

$$\frac{dx}{dv_1}$$

Durchschnittsertragskurve

$$\frac{dx}{dv_1}$$

v_1

x

Gesamtertragskurve

$X\,(v_1, \overline{v}_2)$

V_1

Aufgabe IV.39

a) Grenzertragsfunktion:

$$\frac{dx}{dv_1} = c \cdot \lambda \cdot v_1^{(\lambda-1)} \cdot \overline{v}_2^{\,(1-\lambda)}$$

Durchschnittsertragsfunktion:

$$\frac{x}{v_1} = \frac{c \cdot v_1^{\lambda} \cdot \overline{v}_2^{\,(1-\lambda)}}{v_1}$$

$$\Leftrightarrow \frac{x}{v_1} = c \cdot v_1^{(\lambda-1)} \cdot \overline{v}_2^{\,(1-\lambda)}$$

b) Der **Durchschnitts**ertrag liegt stets um das **1/λ-fache** über dem **Grenz**ertrag.

Aufgabe IV.40

a) **Grenzertragsfunktion =** $\dfrac{dx}{dv_1} = 37,5 \cdot v_1^{0,7}$

Durchschnittsertragsfunktion = $\dfrac{x}{v_1} = 125 \cdot v_1^{-0,7}$

b) Die Durchschnittsertragsfunktion liegt um das **1/λ-fache** über der Grenzertragsfunktion (damit mit λ = 0,3 um das 3,3-fache).

c)

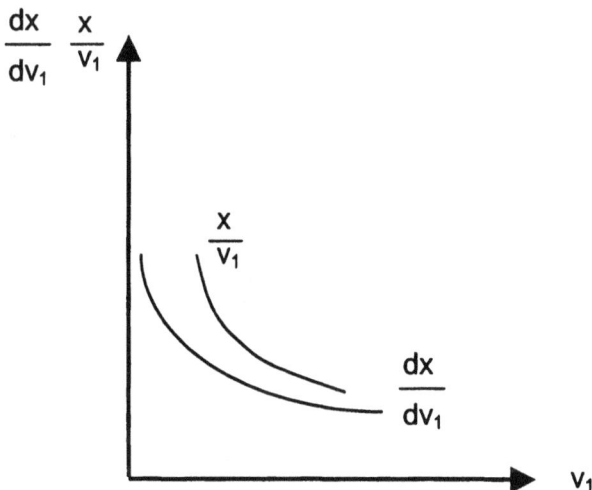

d) Die **Isoquatengleichung** lautet: $v_1 = 40^{10/3} \cdot v_2^{-7/3}$

Aufgabe IV.41

Bei partieller Faktorvariation **werden die Faktoreinsätze nur einiger Produktionsfaktoren** konstant gehalten.

Bei totaler Faktorvariation **wird das Faktoreinsatzverhältnis** konstant gehalten.

180

Bei isoquanter Faktorvariation **wird der Output – bei Faktorvaria-tion –** konstant gehalten.

Aufgabe IV.42

In ein [v_1, v_2]-Diagramm ist die Isoquante einer substitutionalen Produktionsfunktion einzuzeichnen. Die drei angegebenen Formen der Variation von Produktionsfaktoren sind einzuzeichnen und kurz verbal zu erläutern. Zu a): Pfeil auf der Isoquante; ein Faktor wird vermindert eingesetzt und der andere so vermehrt, dass das gleiche Produktionsergebnis folgt. Zu b): Beide Produktionsverfahren werden proportional erhöht. Es wird eine höhere Produktion, eine höhere Isoquante, erreicht. Darstellung als Pfeil auf einem Fahrstrahl. Zu c): Ein Faktor wird vermehrt eingesetzt, der andere unverändert. Es wird eine höhere Produktion, eine höhere Isoquante, erreicht. Darstellung als Pfeil parallel zur Achse des veränderten Faktoreinsatzes.

Im Falle eines Expansionspfades spricht man auch von isokliner Faktorvariation.

Vgl. z. B. Woll (2000), S. 162 – 164, Fehl/Oberender (1999), S. 171 – 173, Herdzina (1999), S. 81 – 83, Behrens/Peren, S. 8 – 12.

Aufgabe IV.43

a.1) $K(x) = 67.500,- + 0,01 \cdot x^3 [€];$ $K_f = 67.500,- €;$

$$K_v(x) = 0,01 \cdot x^3 [€]; \quad k_f(x) = \frac{67.500,-}{x} €; \quad k_v(x) = 0,01 \cdot x^2 €;$$

$$k(x) = \frac{67.500,-}{x} + 0,01 \cdot x^2 [€]; \quad K'(x) = 0,03 \cdot x^2 [€].$$

a.2) x_{kmin} = 150 Einheiten; k(x_{kmin}) = 675,- €; k_v(x_{kmin}) = 225,- €; K'(x_{kmin}) = 675,- €.

a.3) x(G_{max}) = 250 Einheiten; DS = 1250,- €; DB = 312.500,- €; G = G_{max} = 245.000,- €. Der Preis px muss mindestens 675,- € betragen, damit das Unternehmen sein Produkt in der Planungsperiode überhaupt auf dem Markt gewinnbringend anbieten kann.

Aufgabe IV.44

a) Bestimmung der Minimalkostenkombination gemäß der Bedingung $\left|\dfrac{dv_1}{dv_2}\right| = \dfrac{p_2}{p_1}$. Einsetzen des gefundenen optimalen Faktoreinsatzverhältnisses in Produktionsfunktion und Kostengleichung. Umkehrung der Produktionsfunktion in die Faktoreinsatzfunktion. Einsetzen der Faktoreinsatzfunktion in die Kostengleichung ergibt dann die langfristige Kostenfunktion.

$$K_l(x) = 22,50 \cdot x\,[GE]; p_{F\,min} = 22,50\,GE.$$

b) Aus der festen Einsatzmenge des Produktionsfaktors 2 ergeben sich einerseits Fixkosten, andererseits ist x funktional nur noch vom variablen Faktor abhängig. Die Faktoreinsatzfunktion wird dann in die Kostengleichung eingesetzt.

$$K(x) = 202,50 + 0,625 \cdot x^2\,[GE]; \quad K'(x) = 1,25 \cdot x\,[GE];$$
$$k_v(x) = 0,625 \cdot x\,[GE]; \quad k(x) = \frac{202,50}{x} + 0,625 \cdot x\,[GE].$$

c.1) x_{kmin} = 18 Liter; $k(x_{kmin})$ = 22,50 GE; $k_v(x_{kmin})$= 11,25 GE; $K'(x_{kmin})$ = 22,50 GE.

c.2.1) Der Preis p_F liegt somit bei 25,- GE. Bei diesem Preis wird das gewinnmaximierende Unternehmen 20 Liter produzieren und verkaufen. Also ist G = G_{max} = 47,50 GE.

c.2.2) Der Preis p_F muss über dem Minimum der variablen Stückkosten liegen. Somit: p_{Fmin} = 0 GE.

c.2.3) $p_{F\,x=120}$= 150,- GE; $G_{x=120}$ = 8.797,50 GE.

c.2.4) x (bei p_F = 11,- GE) = 8,8 Liter; DS (bei p_F = 11,- GE) = 5,5 GE; DB (bei p_F = 11,- GE) = 48,4 GE; G (bei p_F = 11,- GE) = -154,10 GE (Verlust).

Aufgabe IV.45

[In eckigen Klammern: Lösung zur alternativen Aufgabenstellung.]

a) Die Kostenfunktion setzt sich aus den Fixkosten durch die festgelegte Einsatzmenge des Faktors 2 und den variablen Kosten
zusammen. Letztere erhält man, indem der Wert für v_2 in die
Produktionsfunktion eingesetzt wird und sodann die Umkehrfunktion zu $x(v_1)$, also die Faktoreinsatzfunktion $v_1(x)$, gebildet
wird. Diese ist mit dem Preis für den Faktor 1 zu multiplizieren:

$$K(x) = p_2 \cdot \bar{v}_2 + p_1 \cdot \frac{x^2}{16}$$

$$[K(x) = p_2 \cdot \bar{v}_2 + p_1 \cdot \frac{x^2}{1600}]$$

b.1) Zunächst ist durch Einsetzen der angegebenen Werte für die
Konstanten in die obige Kostenfunktion die konkrete Kostenfunktion zu bestimmen. Durch Ableitung dieser Kostenfunktion
nach der Ausbringungsmenge erhält man die Grenzkostenfunktion. Die Stückkostenfunktion wird aus der Kostenfunktion
durch Division derselben durch die Ausbringungsmenge gewonnen. Das Stückkostenminimum kann dann auf zwei Weisen ermittelt werden: Entweder man bildet die erste Ableitung
der Stückkostenfunktion nach der Ausbringungsmenge und
setzt diese dann (als Bedingung erster Ordnung für ein Minimum) gleich Null und löst dann die Gleichung nach x auf. Oder
man nutzt die Kenntnis der Tatsache, dass die Stückkostenfunktion stets in ihrem Minimum von der Grenzkostenfunktion
geschnitten werden muss, setzt also beide Funktionen einan-
der gleich und löst dann nach x auf. Die variablen Stückkosten
bei dieser Ausbringungsmenge bekommt man, indem die variablen Kosten durch die Ausbringungsmenge dividiert werden
und dann das gefundene x eingesetzt wird. Man erhält in der
Aufgabe die Ergebnisse: $x_{kmin} = 120$ Stück; $k(x_{kmin}) = 60,- $ GE;
$k_v(x_{kmin}) = 30,- $ GE; $K'(x_{kmin}) = 60,- $ GE [$x_{kmin} = 200$ Stück;
$k(x_{kmin}) = 20,- $ GE; $k_v(x_{kmin}) = 10,- $ GE; $K'(x_{kmin}) = 20,- $ GE].

b.2.1) Da der Preis p_s in der Planungsperiode zufällig genau 10% über den Stückkosten im Stückkostenminimum $k(x_{kmin})$ liegt, beträgt er p_s = 66,- GE [p_s = 22,- GE]. Zur Ermittlung des Gewinnmaximums muss die Regel Preis (hier gleich Grenzerlös!) = Grenzkosten angewendet werden. Es ergibt sich dann eine Ausbringungsmenge von x = 132 Stück [x = 220 Stück] und ein Gewinn von G = G_{max} = 756,- GE [G = G_{max} = 420,- GE].

b.2.2) Damit das Unternehmen in der Planungsperiode überhaupt auf dem Markt für das Gut *Supernutz* anbietet, muss der Preis größer als das Minimum der variablen Stückkosten sein. Hier kommt die Funktion der variablen Stückkosten in Abhängigkeit von x ebenso wie die Funktion der Grenzkosten in Abhängigkeit von x aus dem Koordinatenursprung und erstere liegt stets unter letzterer. Demnach ist hier p_{smin} = 0.

b.2.3) Da bei unserem den Gewinn maximierenden Unternehmen der Preis den Grenzkosten entsprechen muss, erhalten wir den gesuchten Preis, indem wir die Menge von 100 Stück [150 Stück] in die Grenzkostenfunktion einsetzen. Ergebnis: $p_{s\,x=100}$ = 50,- GE [$p_{s\,x=150}$ = 15,- GE].

Aufgabe IV.46

a.1) $K(x) = 3000, - + 1,2 \cdot x^2 \, [\text{€}];\ K_f = 3000, - \text{€};\ K_v(x) = 1,2 \cdot x^2 \, [\text{€}].$

a.2) x_{kmin} = 50 Einheiten; $k(x_{kmin})$ = 120,- €; $k_v(x_{kmin})$ = 60,- €; $K'(x_{kmin})$ = 120,- €.

a.3) Der Preis p_x liegt bei 144,- €, die optimale Ausbringungsmenge bei 60 Einheiten. Folglich ist G = G_{max} = 1320,- €.

Damit das Unternehmen sein Produkt in der Planungsperiode überhaupt auf dem Markt anbietet, muss unter der Bedingung p_x = K' eine positive Deckungsspanne entstehen. Das ist bei der hier betrachteten Produktionstechnologie der Fall, sobald der Preis über px_{min} = 0 liegt.

Aufgabe IV.47

a) Die Minimalkostenkombination erhält man durch Minimierung der folgenden Lagrangefunktion:

$L = 18 \cdot v_A + 0,2 \cdot v_K + \lambda \cdot (x - 0,8 \cdot v_A^{0,4} \cdot v_K^{0,5})$. Es ergibt sich: Kapital v_K = 22522,5; Arbeitseinsatz v_A = 200,2. Die Kosten betragen 8108,20 Geldeinheiten.

b) Es ergibt sich: Kapital v_K = 9009; Arbeitseinsatz v_A = 200,2. Die Ausbringungsmenge beträgt 632,43 Mengeneinheiten.

Aufgabe IV.48

a) Die Minimalkostenkombination erhält man durch Minimierung der folgenden Lagrangefunktion:

$L = 24 \cdot v_A + 0,25 \cdot v_K + \lambda \cdot (x - 0,5 \cdot v_A^{0,6} \cdot v_K^{0,2})$.

Die langfristige Kostenfunktion ergibt sich als: $K = 32 \cdot x^{1,25}$.

b) Die kurzfristige Kostenfunktion ergibt sich als:

$K = 3,846 \cdot x^{1,6667} + 1944$.

Aufgabe IV.49

a) Ökonomisch relevant können nur Teile der Ertragsfunktion sein, die nicht technische Verschwendung repräsentieren, weil ökonomische Effizienz technische Effizienz voraussetzt. Die Ertragsfunktion, die dem klassischen Ertragsgesetz entspricht, weist zwei technisch nicht effiziente Teile auf. Zunächst einmal ist es nicht sinnvoll, mit einem höheren Einsatz des Faktors weniger zu produzieren. Somit ist die gesamte Ertragsfunktion rechts von ihrem Maximum ökonomisch nicht relevant. Zudem repräsentiert der Teil der Ertragsfunktion technische Verschwendung, der zwischen dem Koordinatenursprung und dem Punkt auf der Ertragsfunktion liegt, in dem ein Fahrstrahl aus dem Ursprung zur Tangente an der Ertragsfunktion wird. In diesem Punkt ist die Produktivität des Faktors 2 maximal. Wird nur auf einem Teil der vorhandenen Ackerfläche mit der maxi-

malen Produktivität (also der optimalen Faktorintensität v_2/v_1) gearbeitet, liegt die Produktion auf dem Fahrstrahl aus dem Ursprung, der zur Tangente an der Ertragsfunktion wird. Würde mit dem gleichen Einsatz des Faktors 2 auf der ganzen Ackerfläche gearbeitet, läge aber die Produktion auf der Ertragsfunktion, also unterhalb des Fahrstrahls. Da hier mit gleichem Faktoreinsatz v_2 auf einer geringeren Fläche ein höheres Produktionsergebnis erzielt werden kann als auf der ganzen Fläche, kann eine Produktion auf der ganzen Fläche entsprechend der Ertragsfunktion im genannten Bereich nicht technisch effizient sein, also auch nicht ökonomisch relevant. Ökonomisch relevant ist also nur der Teil der Ertragsfunktion, der zwischen dem Punkt, in dem der Fahrstrahl aus dem Koordinatenursprung zur Tangente an der Ertragsfunktion wird, und dem Maximum der Ertragsfunktion liegt.
Vgl. Behrens/Peren, S. 16 – 23.

b) Im folgenden Schaubild ist die Lösung zu finden. Ökonomisch relevant ist nach der Ableitung unter (a) nur der Bereich der Kostenfunktion zwischen dem Minimum der variablen Stückkosten und der maximalen Produktionsmenge. Das Minimum der variablen Stückkosten entspricht der kurzfristigen Preisuntergrenze, die entsprechende Produktionsmenge dem Betriebsminimum. D. h., wenn der Preis nicht einmal die variablen Stückkosten deckt, lohnt sich die Produktion auch kurzfristig nicht. Sobald aber gerade die Stückkosten gedeckt werden können, wird im Betriebsminimum begonnen zu produzieren. Die langfristige Preisuntergrenze findet sich im Minimum der totalen Stückkosten, da erst ab diesem Preis kostendeckend produziert werden kann. Volkswirtschaftlich stellt die zugehörige Produktionsmenge das Betriebsoptimum dar, weil mit minimalen Stückkosten, also in der Minimalkostenkombination, produziert wird. Kurzfristig wird bei Preisen zwischen der kurzfristigen und der langfristigen Preisuntergrenze produziert, weil ein Deckungsbeitrag entsteht, der einen Teil der Fixkosten abdeckt, so dass der Verlust minimiert wird.
Vgl. zu den Zusammenhängen ausführlich Behrens/Peren, S. 67 – 81.

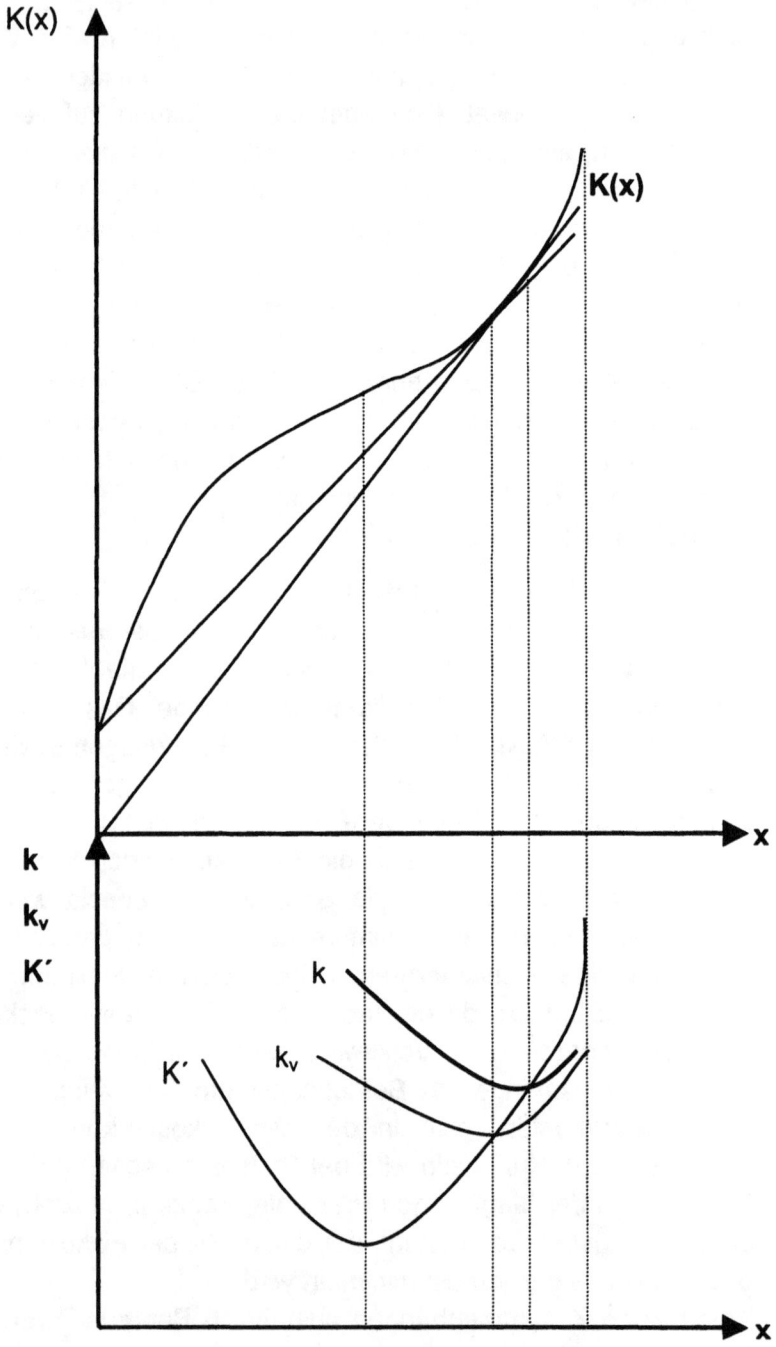

Aufgabe IV.50

a) Skalenelastizität = Homogenitätsgrad = 1.

b) Skalenelastizität = Homogenitätsgrad = $4\frac{1}{3}$.

c) Skalenelastizität = Homogenitätsgrad = 2.

Der Homogenitätsgrad gibt an, um das λ hoch Wievielfache der Output steigt, wenn die Faktoreinsatzmengen genau um den Faktor λ verändert werden. Als Formel: Aus der auf einen bestimmten Output normierten Produktionsfunktion $\tilde{x} = f(\tilde{v}_1, \tilde{v}_2, ..., \tilde{v}_n)$ erhält man: $x(\lambda) = \lambda^\gamma \cdot \tilde{x} = f(\lambda \cdot \tilde{v}_1, \lambda \cdot \tilde{v}_2, ..., \lambda \cdot \tilde{v}_n)$. Darin ist γ der Homogenitätsgrad. Die Skalenelastizität gibt die relative Änderung der Produktion, bezogen auf die relative Änderung des Skalenniveaus λ, an. Formal: $\varepsilon_{x\lambda} = \frac{dx}{d\lambda} \cdot \frac{\lambda}{x} = \gamma$. Die Skalenelastizität entspricht demnach dem Homogenitätsgrad.

Literatur: Vgl. z. B. Behrens/Peren, S. 13 – 15.

Aufgabe IV.51

a) **Fixe Produktionsfaktoren** sind unabhängig von der Höhe der Produktionsmenge.

b) Die Einsatzmenge der **variablen Produktionsfaktoren** verändert sich mit der Höhe der Produktion.

c) Es kann keine Mengeneinheit eines Produktionsfaktors mehr verringert werden, ohne dass die Produktionsmenge sinkt.

d) Der Produktionsprozess gewährleistet, dass die gewünschte Ausbringungsmenge mit den geringsten Kosten realisiert wird.

e) Eine **Produktionsfunktion** stellt die technisch-effiziente Beziehung zwischen Input und Output dar.

f) **Fixe Kosten** sind Kosten, die unabhängig von der Produktionshöhe anfallen (Kosten der fixen Produktionsfaktoren).

g) Bei den **Durchschnittskosten** handelt es sich um die durch-schnittlichen Kosten je Mengeneinheit des Outputs.

Aufgabe IV.52

a) Die Fixkosten betragen **4000,- €**.

b) Die Gewinnzone wird erreicht ab einer Verkaufsmenge von **2000 Stück**.

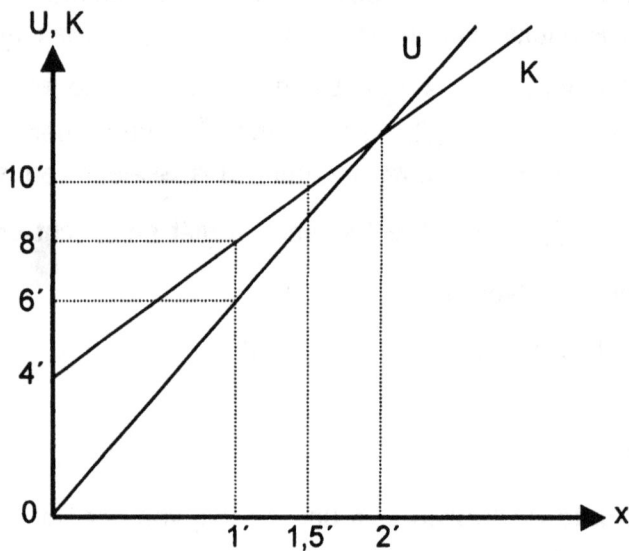

Aufgabe IV.53

$80 \geq p > 70$	:	$p = 80 - 1/3\,x$	
$70 \geq p > 40$	:	$p = 75 - 1/6\,x$	
$40 \geq p > 20$	:	$p = 59{,}09 - 1/11\,x$	
$20 \geq p \geq 0$	:	$p = 45{,}29 - 1/17\,x$	

Aufgabe IV.54

$15 \geq p > 12$	:	$p = 15 - 1/2\,x$	
$12 \geq p > 10$	:	$p = 13 - 1/6\,x$	

$$10 \geq p > 8 \quad : \quad p = 12 - 1/9\,x$$
$$8 \geq p \geq 0 \quad : \quad p = 11 - 1/12\,x$$

Aufgabe IV.55

a) Ein Markt wird als **vollkommen** bezeichnet, wenn die folgenden **Bedingungen** erfüllt sind:

Sachliche Gleichartigkeit der Güter (Homogenität und Fungibilität);

Nichtvorhandensein persönlicher Präferenzen von Käufern für bestimmte Verkäufer et vice versa;

Nichtvorhandensein räumlicher Differenzierungen zwischen den einzelnen Anbietern bzw. Nachfragern;

Nichtvorhandensein zeitlicher Differenzierungen zwischen den einzelnen Anbietern bzw. Nachfragern;

Vollständige Markttransparenz.

b) Für einen **temporär unvollkommenen** Markt müssen die Bedingungen 1 – 4 erfüllt, aber (noch) keine vollständige Markttransparenz gegeben sein.

Vgl. Ott (1992), S. 32 – 37.

Aufgabe IV.56

Denkbar sind die folgenden **Zugangsbeschränkungen**:

- rechtliche Hemmnisse

- rechtlich-wirtschaftliche Hemmnisse

- wirtschaftliche Hemmnisse

Vgl. Ott (1992), S. 36 – 37.

Aufgabe IV.57

Ein Oligopol auf dem vollkommenen Markt liegt vor, wenn vielen kleinen Nachfragern wenige mittlere Anbieter homogener Produkte gegenüberstehen und zwischen den Produkten dieser Anbieter und allen anderen Produkten Substitutionslücken bestehen.

Ein Polypol auf dem unvollkommenen Markt liegt vor, wenn vielen kleinen Nachfragern viele kleine Anbieter heterogener Produkte gegenüberstehen und zwischen den Produkten dieser Anbieter und allen anderen Produkten Substitutionslücken bestehen.

Aufgabe IV.58

Anpassung: Kommt zum Zuge, wenn Größen auf deren Grundlage ein Marktteilnehmer seine Aktionsparameter festlegt, Daten sind (zwei Formen: Mengenanpassung/Optionsempfang).

Strategie: Zwischen Aktions- und Erwartungsparameter besteht eine vom Marktteilnehmer einkalkulierte funktionale Beziehung (isoliert-autonome Strategie, [Sonderfall: Optionsfixierung], autonome Strategie, konjekturale Strategie).

Vgl. Ott (1992), S. 59 ff.

Aufgabe IV.59

Marktform	Situation des einzelnen Marktteilnehmers	Verhaltens-weise
Monopol Monopson	*Independenz*	*isoliert autonome Strategie*
Oligopol auf dem vollkommenen Markt	*Interdependenz*	*Konjekturale Strategie*
Oligopol auf dem unvollkommenen Markt	*Interdependenz-Independenz*	*Konjekturale oder autonome Strategie*
Polypol auf dem vollkommenen Markt	*Independenz vom einzelnen, Dependenz von der Gesamtheit aller Konkurrenten*	*autonome Mengenanpassung*
Polypol auf dem unvollkommenen Markt	*Independenz vom einzelnen, Dependenz von der Gesamtheit der Konkurrenten**	*autonome Strategie*
Bilaterales Monopol	*Interdependenz***	*allgemeine Verhandlung, korrespektive Strategie (Optionsfixierung bzw. -empfang)*

* Independenz stärker, Dependenz schwächer als beim Polypol auf dem vollkommenen Markt

** Interdependenz im Sinne von gegenseitiger Abhängigkeit von der Marktgegenseite

Vgl. Ott (1992), S. 65.

192

Aufgabe IV.60

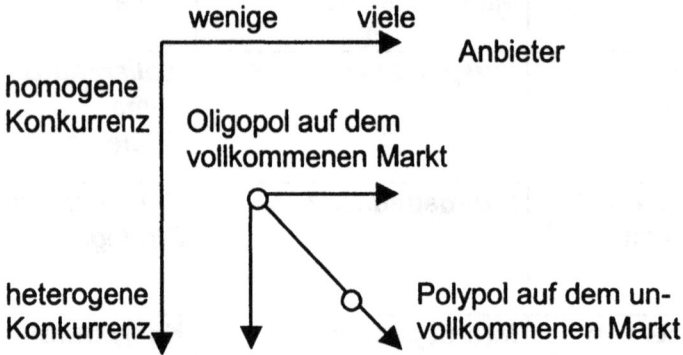

Zu Erläuterungen vgl. Ott (1992), S. 66 – 69.

Aufgabe IV.61

a)

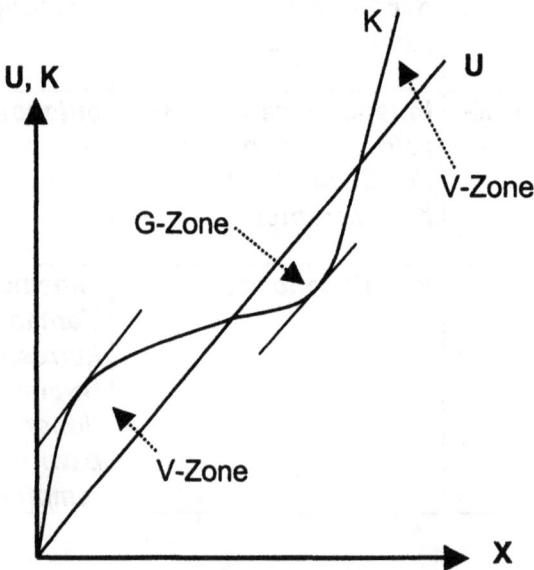

b)

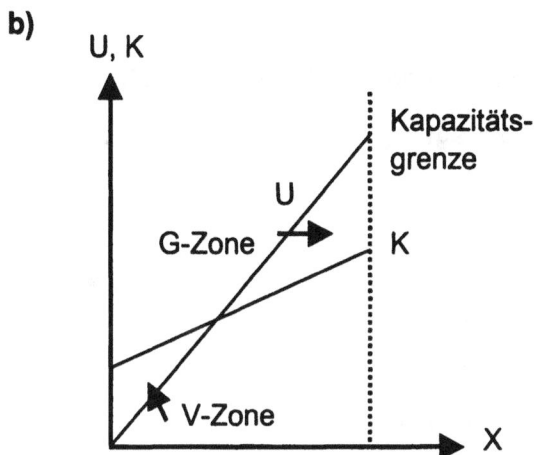

Aufgabe IV.62

Gewinnmaximale Menge:	**150 ME**
Gewinn:	**44.900,- €**

Aufgabe IV.63

Gewinnmaximale Menge:	**15 ME**
Gewinn:	**350,- €**

Aufgabe IV.64

a) 70 ME

b) 4.500,- €

c) 171.500,- €

d) 143.500,- €

e) 315.000,- €

Aufgabe IV.65

Die gewinnmaximale Produktionsmenge beträgt: **100 ME**

Der gewinnmaximale Preis beträgt: **1.800,- €**

Aufgabe IV.66

a.1) $\dfrac{dK}{dx} = K' = \dfrac{1}{100.000} \cdot x^2 - 0,02 \cdot x + 28$.

a.2) $\dfrac{K_v}{x} = k_v = \dfrac{1}{300.000} \cdot x^2 - 0,01 \cdot x + 28$.

a.3) $\dfrac{K}{x} = k = \dfrac{90.000}{x} + \dfrac{1}{300.000} \cdot x^2 - 0,01 \cdot x + 28$.

a.4) Die langfristige Preisuntergrenze findet man durch Gleichsetzung von Grenzkosten und totalen Stückkosten:
$PU_{lang} = 58,- €$ [bei x = 3000 Stück].

a.5) Die gewinnmaximale Angebotsmenge x* findet man beim Mengenanpasser durch Gleichsetzung von Preis und Grenzkosten:
$x *\big|_{p_x = 24,40\ €} = 1800$ Stück.

a.6) Die kurzfristige Preisuntergrenze findet man durch Gleichsetzung von Grenzkosten und variablen Stückkosten:
$PU_{kurz} = 20,50\ €$ [bei x = 1500 Stück].

b) Typ der Produktionsfunktion, die der Kostenfunktion dieses Unternehmens zugrunde liegt: Antwort: klassisches Ertragsgesetz.

c) Wenn das *Unternehmen Monopolist auf dem Markt* ist, entspricht die folgende Preis-/Produktionsmengenkombination (p^C, x^C) dem *Cournot'schen Punkt*: $p^C = 87,40\ €$ und $x^C = 1800$ Stück.

Im *Cournot'schen Punkt* (p^C, x^C) ist die Deckungsspanne DS = 66,60 €, der Deckungsbeitrag DB = 119.880,- € und der Gewinn G = 29.880,- €.

Vgl. zum klassischen Ertragsgesetz und der daraus folgenden Kostenfunktion irgendein Lehrbuch zur Mikroökonomik. Vgl. z. B. Behrens/Peren, S. 16 – 23 und 80 f.

Aufgabe IV.67

Für ein Unternehmen gelte für die Produktion eines Gutes die folgende Kostenfunktion K (x):

$K(x) = 0,01 \cdot x^2 + 2 \cdot x + 100$, (x = Ausbringungsmenge),

a) 1. die Funktion Grenzkosten in Abhängigkeit von x lautet:

$$\frac{dK}{dx} = K' = 0,02 \cdot x + 2$$

2. die Funktion der variablen Stückkosten k_v (x) lautet:

$$\frac{K_v}{x} = k_v = 0,01 \cdot x + 2$$

3. die Funktion der totalen Stückkosten k(x) lautet:

$$\frac{K}{x} = k = \frac{100}{x} + 2 + 0,01 \cdot x$$

b) Das Minimum der Stückkosten liegt bei einer Menge x = 100. Die minimalen Stückkosten betragen 4 Geldeinheiten.

c) Die Lösung erhält man durch Maximierung der folgenden Gewinnfunktion:

$G = U - K = 41 \cdot x - 0,01 \cdot x^2 - (0,01 \cdot x^2 + 2 \cdot x + 100)$. Es ergibt sich: Der gewinnmaximale Preis p_c = 31,25; die gewinnmaximale Menge x_c = 975. Der Gewinn des Unternehmens im Optimum beträgt 18912,50 Geldeinheiten. Der volkswirtschaftliche Nettonutzen beträgt 23665,125 Geldeinheiten und die Konsumentenrente 4753,125 Geldeinheiten.

d) Die Lösung erhält man durch Gleichsetzung von Nachfragefunktion und Grenzkostenfunktion. Im Optimum gilt: $41 - 0,01 \cdot x = 0,02 \cdot x + 2$. Es ergibt sich: Eine gewinnmaximale Menge x = 1300 Mengeneinheiten. Der Gewinn des Unternehmens im Optimum beträgt 25250,- Geldeinheiten. Der volkswirtschaftliche Nettonutzen beträgt 25250,- Geldeinheiten und die Konsumentenrente 0,- Geldeinheiten.

e) Die Lösung erhält man wiederum durch Gleichsetzung von Nachfragefunktion und Grenzkostenfunktion. Im Optimum gilt: $41 - 0,01 \cdot x = 0,02 \cdot x + 2$. Es ergibt sich: Eine gewinnmaximale Menge x = 1300 Mengeneinheiten. Der Gewinn des Unternehmenssektors unter Konkurrenzbedingungen beträgt 16800,- Geldeinheiten. Der volkswirtschaftliche Nettonutzen beträgt 25250,- Geldeinheiten und die Konsumentenrente 8450,- Geldeinheiten.

Aufgabe IV.68

a) Kostendeckungslösung:
P^{KD} = 10 oder 6 GE X^{KD} = 6 oder 12 ME.

Volkswirtschaftliche Optimallösung:
P^{VWOPT} = 2 GE X^{VWOPT} = 18 ME.

b) Zunahme des volkswirtschaftlichen Nettonutzens: 48 oder 12 GE.

Verlust des Monopolisten im volkswirtschaftlichen Optimalpunkt: 48 GE (entspricht den Fixkosten.)

c) Den Zuwachs an volkswirtschaftlichem Nettonutzen erhält man, indem von dem beim Übergang von 6 auf 18 Mengeneinheiten bzw. von 12 auf 18 ME entstehenden zusätzlichen Bruttonutzen (Fläche unter der Nachfragefunktion) die dadurch zusätzlich entstehenden Kosten (Fläche unter der Grenzkostenfunktion) abgezogen werden. Die Fixkosten fallen bei jeder Versorgungsmenge an. Sie sind entscheidungsirrelevant und sie beeinflussen den Zuwachs an volkswirtschaftlichem Nettonutzen nicht. Im volkswirtschaftlichen Optimalpunkt werden sie entsprechend nicht berücksichtigt, so dass der Monopolist einen entsprechenden Verlust erleidet, der nicht vom volkswirtschaftlichen Zugewinn abgezogen werden darf.

d) Durch einen gespaltenen Tarif (Grundgebühr + Preis für Mengeneinheiten) könnte man das Gut zu einem Klubkollektivgut machen. Ausgeschlossen wird, wer nicht den Klubbeitrag in

Form etwa einer Grundgebühr trägt. Für die übrige Nutzung wird ein Grenzkostenpreis genommen. Die Summe der Grundgebühren kann die Fixkosten abdecken. Die Nachfrager sollten mit einer solchen Lösung einverstanden sein. Grund: Schon bei der Kostendeckungslösung ist der Nettonutzen positiv. Auch dort müssen die Nachfrager die gesamten Fixkosten tragen. Nehmen die Nachfrager dem Unternehmen den Fixkostenblock durch die Grundgebühr ab, so kann weiterer Nettonutzen gewonnen werden. Der volkswirtschaftliche Optimalpunkt wird erreicht, weil der annahmegemäß auf Kostendeckung verpflichtete Monopolist nun bei der Preisgestaltung nurmehr seine variablen Stückkosten (hier gleich Grenzkosten) berücksichtigen muss.

Vgl. Behrens/Kirspel, S. 344 ff. und dort angegebene Literatur.

Aufgabe IV.69

Für ein Unternehmen gelte für die Produktion eines Gutes die folgende Kostenfunktion K (x):

$K(x) = x^2 + 20 \cdot x + 100$, (x = Ausbringungsmenge),

a) 1. die Funktion Grenzkosten in Abhängigkeit von x lautet:

$$\frac{dK}{dx} = K' = 2 \cdot x + 20$$

2. die Funktion der variablen Stückkosten k_v (x) lautet:

$$\frac{K_v}{x} = k_v = x + 20$$

3. die Funktion der totalen Stückkosten k(x) lautet:

$$\frac{K}{x} = k = \frac{100}{x} + 20 + x$$

b) Das Minimum der Stückkosten liegt bei der Menge x = 10. Die minimalen Stückkosten betragen 40 Geldeinheiten.

c) 1. Prüfung des monopolistischen Bereiches: Die Lösung erhält man durch Maximierung der folgenden Gewinnfunktion: $G = U - K = 220 \cdot x - 4 \cdot x^2 - (x^2 + 20 \cdot x + 100)$. Es ergibt sich: Der gewinnmaximale Preis p = 140; die gewinnmaximale Menge x = 20. Die Lösung ist zulässig, da sie im relevanten

Bereich liegt. Der Gewinn des Unternehmens im Optimum des monopolistischen Bereichs beträgt 1900 Geldeinheiten.

2. Prüfung des unteren Konkurrenzbereiches: Die Lösung erhält man durch Maximierung der folgenden Gewinnfunktion: $G = U - K = 100 \cdot x - (x^2 + 20 \cdot x + 100)$. Es ergibt sich die gewinnmaximale Menge von x = 40. Die Lösung ist zulässig, da sie im relevanten Bereich liegt. Der Gewinn des Unternehmens im Optimum des unteren Konkurrenzbereichs beträgt 1500 Geldeinheiten.

3. Da der Gewinn des Unternehmens im monopolistischen Bereich am größten ist, wird diese Lösung gewählt.

Aufgabe IV.70

a) Grenzrate der Substitution des Faktors 2 durch den Faktor 1:

$$\left| \frac{dv_2}{dv_1} \right| = 2 \cdot \frac{x^2}{v_1^3} = 2 \cdot \frac{v_2}{v_1} \; ;$$

Grenzproduktivität des Faktors 1: $\frac{\partial x}{\partial v_1} = \sqrt{v_2} \; ;$

Grenzproduktivität des Faktors 2: $\frac{\partial x}{\partial v_2} = \frac{1}{2} \cdot \frac{v_1}{\sqrt{v_2}} \; ;$

Durchschnittsertrag des Faktors 1: $\frac{x}{v_1} = \sqrt{v_2} \; ;$

Durchschnittsertrag des Faktors 2: $\frac{x}{v_2} = \frac{v_1}{\sqrt{v_2}} \; ;$

Homogenitätsgrad der Produktionsfunktion = 1,5.

Vgl. z. B. Behrens/Peren, S. 13 – 15, 25 – 31.

b.1) Zur Bestimmung des kostenminimalen Faktoreinsatzmengenverhältnisses in der langfristigen Entscheidungssituation (die so genannte Minimalkostenkombination) ist die Grenzrate der Substitution der Steigung der Isokostengeraden gleich zu setzen. Nach Umformungen ergibt sich im hier betrachteten Fall als kostenminimales Faktoreinsatzmengenverhältnis: $v_1/v_2 = 1$;

Zunächst ist nun das kostenminimale Faktoreinsatzverhältnis zu verwenden, um die Kosten in Abhängigkeit lediglich einer Faktoreinsatzmenge zu bestimmen. Dann wird es verwendet, um die Ausbringung als Funktion dieser Faktoreinsatzmenge darzustellen. Wird jetzt die Umkehrfunktion der Produktionsfunktion, also die Faktoreinsatzfunktion, gebildet, so kann die Faktoreinsatzmenge in der langfristigen Kostenfunktion durch diese ersetzt werden. Das Ergebnis ist eine langfristige Kostenfunktion, die die Kosten in Abhängigkeit von der Ausbringungsmenge angibt. Im hier betrachteten Fall erhält man:

K (x = 27) = 121,50 €.

Vgl. z. B. Behrens/Peren, S. 47 – 59.

b.2.1) In der kurzfristigen Entscheidungssituation gibt es durch die festgelegte Einsatzmenge eines Faktors so genannte Fixkosten. In Folge dessen sind bei gegebenen Preisen für die Produktionsfaktoren die Kosten nur eine Funktion des Einsatzes des variablen Faktors. Ebenso ist die Ausbringungsmenge lediglich eine Funktion des variablen Faktors. Die Produktionsfunktion kann folglich in die entsprechende Faktoreinsatzfunktion umgekehrt werden. Einsetzen in die Kostengleichung ergibt die kurzfristige Kostenfunktion. Im hier betrachteten Fall: $K(x) = 27 + 0,5x^2$. Die Ableitung dieser Kostenfunktion nach der Ausbringungsmenge gibt (in infinitesimaler Betrachtung) an, um welchen Betrag die Kosten sich ändern, wenn die Ausbringungsmenge um eine (infinitesimal kleine) Einheit erhöht wird. Hier ergibt sich in der Aufgabe: K´ = x. Die Durchschnittskosten erhält man schließlich, indem man die Gesamtkosten der Produktion durch die produzierte Stückzahl dividiert. Hier:

$$k = \frac{27}{x} + \frac{1}{2} \cdot x.$$

Vgl. z. B. Behrens/Peren, S. 67 f.

b.2.2) Die gewinnmaximale Ausbringungsmenge x_{opt} wird ermittelt durch die Bedingung erster Ordnung für ein Gewinnmaximum Grenzerlös = Grenzkosten. Man erhält hier: x_{opt} = 10 ME. Der

Gewinn folgt aus der Differenz zwischen Erlös und Kosten. Hier ist der Gewinn bei x_{opt} = 23,- €

Vgl. z. B. Behrens/Peren, S. 73 ff., Behrens/Kirspel, S. 321 f.

b.2.3) Zunächst ist aus der Nachfragefunktion (= Preis-Absatz-Funktion des Monopolisten) $x_N(p)$ die Umkehrfunktion $p(x)$ zu bilden. Durch Multiplikation mit x erhält man die Erlösfunktion. Ableitung nach x ergibt die Grenzerlösfunktion. Hier:

$E' = 30 - 4 \cdot x$. Die Bedingung erster Ordnung für ein Gewinnmaximum ist wieder Grenzerlös = Grenzkosten. Daraus erhalten wir im hier betrachteten Fall als gewinnmaximale Ausbringungsmenge x_C = 6 ME. Damit der Monopolist (als Preissetzer!) die 6 Mengeneinheiten absetzt, muss er einen Preis von p_C = 18,- € setzen, wie sich aus der Preis-Absatz-Funktion ergibt. Der Monopolist erzielt dann einen Gewinn von 63,- €.

Vgl. z. B. Behrens/Kirspel, S. 323 – 326.

Würde dem Monopolisten (z. B. nach einer Verstaatlichung des Monopols) untersagt, auf dem betreffenden Markt einen Gewinn zu erzielen oder einen Verlust zu erleiden, so müsste er die Menge herstellen und verkaufen, bei der die Stückkostenfunktion (= Funktion der gesamten (totalen) Durchschnittskosten) die Preis-Absatz-Funktion schneidet. Im hier betrachteten Fall wäre dann der kostendeckende Preis p_{KD} = 7,96 €. Bei diesem Preis würde der Monopolist 11,02 Stück absetzen. Würde nur mit ganzen Zahlen bezüglich der Absatzmenge gerechnet, so würden 11 Stück zum Preis von 8,- € verkauft. Dann ergäbe sich aber ein Gewinn von 0,50 €.

Vgl. z. B. Behrens/Kirspel, S. 344 – 349.

Aufgabe IV.71

a) $K(x) = 21.000,- + 0,01 \cdot x^2 \, [GE]; \quad K'(x) = 0,02 \cdot x \, [GE];$

$k_v(x) = 0,01 \cdot x \, [GE]; \quad k(x) = \dfrac{21.000}{x} + 0,01 \cdot x \, [GE].$

b.1) Heterogenes Polypol, monopolistische Konkurrenz oder unvoll-
kommenes Monopol.

b.2) x = 500 Stück; P_A = 60,- GE; DB = 27.500,- GE; G_{max} = 6.500,-
GE.

b.3) $x_{Alternativ}$ = 1.500 Stück; $P_{AAlternativ}$ = 30,- GE; $DB_{Alternativ}$ = 22.500,-
GE; $G_{max\ Alternativ}$ = 1.500,- GE.

Aufgabe IV.72

a) Die kurzfristige Kostenfunktion K(x) des Unternehmers lautet:
$K(x) = 0,5 \cdot x^2 + 270$.

b) Die Lösung erhält man durch Maximierung der folgenden Gewinnfunktion: $G = U - K = 110 \cdot x - 0,05 \cdot x^2 - (0,5 \cdot x^2 + 270)$. Es
ergibt sich: Der gewinnmaximale Preis p_c = 105; die gewinnmaximale Menge x_C = 100. Der Gewinn des Unternehmens im
Optimum beträgt 5230 Geldeinheiten.

Literaturhinweise

Die hier angegebenen Literaturhinweise dienen lediglich dem Zweck, auf Lektüre zu verweisen, die die Grundlagen vermittelt, mit denen die entsprechenden Aufgaben sollten gelöst werden können. Vornehmlich, aber keineswegs ausschließlich, wird dabei empfohlen, auf die Lehrbücher von Verfassern dieses Übungsbuches zurückzugreifen..

BEHRENS, CHRISTIAN-UWE, KIRSPEL, MATTHIAS, Grundlagen der Volkswirtschaftslehre, München Wien, 3. Aufl., München Wien 2003. (Zitiert als Behrens/Kirspel, Seitenzahl).

BEHRENS, CHRISTIAN-UWE, Makroökonomie – Wirtschaftspolitik, 2. Aufl., München Wien 2004. (Zitiert als Behrens, Seitenzahl).

Für produktions- und kostentheoretische Zusammenhänge aus volkswirtschaftlicher Sicht und ihrer Bedeutung beispielsweise für den Arbeitsmarkt sowie zu Fragen der Entstehung und Ausbreitung von technischem Fortschritt und seinem Einfluss auf die Gesamtwirtschaft sei zudem auf das folgende Lehrbuch verwiesen:

BEHRENS, CHISTIAN-UWE, PEREN, FRANZ. W., Grundzüge der gesamtwirtschaftlichen Produktionstheorie, München 1998. (Zitiert als Behrens/Peren, Seitenzahl).

Andere und weiter führende Literatur zum jeweiligen Problemkreis findet sich in diesen Lehrbüchern angegeben.

Zu einzelnen Abschnitten wird im Übungsbuch zudem noch auf weitere Literaturstellen verwiesen. Mit diesen Literaturhinweisen wird hier keinerlei Anspruch auf Vollständigkeit oder besonders geeigneter Lehrtexte verbunden. Vielmehr gibt es zu allen Themen des Übungsbuches eine große Zahl fachlich wie didaktisch höchst geeigneter Texte. Hier wird als *eine* Auswahl noch auf folgende Literaturstellen verwiesen (Zitierweise: Name (Jahreszahl), Seitenzahl):

ALTMANN, J., Volkswirtschaftslehre, 6. Aufl., Stuttgart 2003.

ALTMANN, J., Wirtschaftspolitik, 7. Aufl., Stuttgart 2000.

BARTLING, H., LUZIUS, F., Grundzüge der Volkswirtschaftslehre, 13. Aufl., München 2000 oder 15. Aufl., München 2004.

BARRO, ROBERT J., Makroökonomie, 3. Aufl., München Wien 1992 oder derselbe, Macroeconomics, Fifth Edition, Cambridge, Mass. and London 1997.

BARRO, ROBERT J., bearbeitet von RUSH, MARK, Übungsbuch zu: Robert J. Barro „Makroökonomie", 3. Aufl., München Wien 1992.

BARRO, ROBERT J., GRILLI, VITTORIO, Makroökonomie. Europäische Perspektive. München Wien 1996.

BAßELER, U., HEINRICH, J., KOCH, W., Grundlagen der Volkswirtschaftslehre, 16. Aufl., Köln 2001.

BEHRENS, CHRISTIAN-UWE, Dynamischer Wettbewerb und Wachstum, Frankfurt a. M. u. a. 1988.

BERG, H., CASSEL, D., HARTWIG, K. H., Theorie der Wirtschaftspolitik, in: Vahlens Kompendium der Wirtschaftstheorie und Politik, Bd. 2, 8. Aufl., München 2003.

BLANKART, CHARLES B., Öffentliche Finanzen in der Demokratie, 3. Aufl., München 1998 oder 5. Aufl., München 2003.

BURDA, MICHAEL C., WYPLOSZ, CHARLES, Makroökonomik - Eine Europäische Perspektive, München 1994 oder 2. Aufl., München 2001.

CLEMENT, R., TERLAU, W., KIY, M., Grundlagen der angewandten Makroökonomie, 3. Aufl., München 2004.

ENGELKAMP, P., SELL, F. L., Einführung in die Volkswirtschaftslehre, 2. Aufl., Berlin u. a. 2002.

FEHL, ULRICH, OBERENDER, PETER, Grundlagen der Mikroökonomie, 7. Aufl., München 1999.

FELDERER, BERNHARD, HOMBURG, STEFAN, Makroökonomik und neue Makroökonomik, 6. Aufl., Berlin u. a. 1994 oder 7. Aufl., Berlin u. a. 1999.

FRIEDMAN, MILTON, Die optimale Geldmenge und andere Essays, Frankfurt am Main 1976.

FRITSCH, MICHAEL, WEIN, THOMAS, EWERS, HANS-JOACHIM, Marktversagen und Wirtschaftspolitik – Mikroökonomische Grundlagen staatlichen Handelns, 3. Aufl., München 1999 oder 5. Aufl., München 2003.

GROSSEKETTLER, HEINZ, Die Wirtschaftsordnung als Gestaltungsaufgabe – Entstehungsgeschichte und Entwicklungsperspektiven des Ordoliberalismus nach 50 Jahren Sozialer Marktwirtschaft, Münster Hamburg 1997.

GROSSEKETTLER, H., Öffentliche Finanzen, in: Vahlens Kompendium der Wirtschaftstheorie und Politik, Bd. 1, 8. Aufl., München 2003, S. 561 – 717.

GRUBER, U., KLEBER, M., Grundlagen der Volkswirtschaftslehre, 4. Aufl., München 2000.

HANUSCH, HORST, KUHN, THOMAS, Einführung in die Volkswirtschaftslehre, 4. Aufl., Berlin u. a. 1998.

HARDES, HEINZ-DIETER, KROL, GERD J., RAHMEYER, FRITZ, SCHMID, ALFONS, Volkswirtschaftslehre - problemorientiert, 19. Aufl., Tübingen 1995.

HARDES, HEINZ-DIETER, MERTES, JÜRGEN, SCHMITZ, FRIEDER, Grundzüge der Volkswirtschaftslehre, 6. Aufl., München Wien 1997.

HAYEK, FRIEDRICH A. VON, Der Wettbewerb als Entdeckungsverfahren, in: Freiburger Studien, Gesammelte Aufsätze von F. A. von Hayek, Tübingen 1969, S. 249 – 265.

HAYEK, FRIEDRICH A. VON, Die Verfassung der Freiheit, Tübingen 1971. 3. Aufl., Tübingen 1991.

HELMSTÄDTER, ERNST, Wirtschaftstheorie I, Mikroökonomische Theorie, 4. Aufl., München 1991.

HERDZINA, KLAUS, Einführung in die Mikroökonomik, 6. Aufl., München 1999 oder 9. Aufl., München 2004.

HEUSS, ERNST, Allgemeine Markttheorie, Tübingen Zürich 1965.

KORTMANN, WALTER, Mikroökonomik: anwendungsbezogene Grundlagen, 2. Aufl., Heidelberg 1999.

LAUNHARDT, WILHELM, Mathematische Begründung der Volkswirtschaftslehre, Leipzig 1885, S. 95.

LEIBENSTEIN, HARVEY, Bandwagon, Snob and Veblen effects in the theory of consumer's demand, in: Quarterly Journal of Economics, Vol. 44 (1950), S. 183 – 207.

MANKIW, N. GREGORY, Principles of economics, Fort Worth, Tex. u. a. 1998 oder derselbe, Grundzüge der Volkswirtschaftslehre, Stuttgart 1999, 2. Aufl., Stuttgart 2001, 3. Aufl., Stuttgart 2004.

MANKIW, N. GREGORY, Makroökonomik, 3. Aufl., Stuttgart 1998 oder derselbe, Macroeconomics, Fourth Edition, New York, NY, 2000, deutsch: Makroökonomik, 4. Aufl., Stuttgart 2000.

MEYER, ULRICH, DIEKMANN, JOCHEN, Arbeitsbuch zur mikroökonomischen Theorie, 4. Aufl., Berlin u. a. 1995.

OTT, A. E., Grundzüge der Preistheorie, 3. Aufl., Göttingen 1992.

OTT, N., Sozialpolitik, in: Vahlens Kompendium der Wirtschaftstheorie und Politik, Bd. 2, 8. Aufl., München 2003.

RICHTER, RUDOLF, FURUBOTN, EIRIK, Neue Institutionenökonomik -
Eine Einführung und kritische Würdigung, Tübingen 1996, 2.
Aufl., Tübingen 1999.

SAMUELSON, PAUL A., NORDHAUS, WILLIAM D., Volkswirtschaftslehre. Übersetzung der 15. Aufl., Wien 1998.

SCHÜLLER, ALFRED, Property Rights, Theorie der Firma und wett-
bewerbliches Marktsystem, in: Schüller, A. (Hrsg.), Property
Rights und ökonomische Theorie, München 1983, S. 145 -
183.

SCHUMANN, J., Grundzüge der mikroökonomischen Theorie, 6.
Aufl., Berlin u. a. 1992.

SCHUMANN, J., MEYER, U. und STRÖBELE, W., Grundzüge der mikroökonomischen Theorie, 7. Aufl., Berlin u. a. 1999.

SIEBERT, HORST, Außenwirtschaft, 6. Aufl., Stuttgart - Jena 1994
und 2000.

STIGLITZ, JOSEPH E., Volkswirtschaftslehre, 2. Aufl., München Wien
1999.

STOBBE, ALFRED, Mikroökonomik, 2. Aufl., Berlin u. a. 1991.

TUCHTFELDT, EGON, Wirtschaftssysteme, Artikel im Handwörter-
buch der Wirtschaftswissenschaft (HdWW), Stuttgart u. a.
1982, S. 326 – 353.

VEBLEN, THORSTEIN, Theorie der feinen Leute – Eine ökonomische Untersuchung der Institutionen, München 1981 (1899[6]).

WEIMANN, JOACHIM, Wirtschaftspolitik: Allokation und kollektive Entscheidung, Berlin u. a. 1996, 2. Aufl., Berlin u. a. 2001, 3. Aufl., Berlin u. a. 2004.

WOLL, ARTUR, Allgemeine Volkswirtschaftslehre, 14. Aufl., München 2003.

WOLL, ARTUR, Wirtschaftspolitik, 2. Aufl., München 1992.

Zu allen Themenbereichen der Volkswirtschaftslehre finden sich Artikel beispielsweise in

Vahlens Kompendium der Wirtschaftstheorie und Wirtschaftspolitik, 8. Aufl., München 2003.

Korrigenda

zu Behrens/Hilligweg/Kirspel, Übungsbuch zur Volkswirtschaftslehre, München Wien (Oldenbourg Verlag) 2005:

Ort	*Zu ersetzen ist*	*durch*
S. 6: Aufgabe I.11 c) 7.Zeile	Monat	Jahr
S. 22: Aufgabe I.25	Angebot : $p = 200 + 0{,}6x$	Angebot: $p = 200 + 6x$
S. 56: Aufgabe IV.10 (1)	$U = (x_1 + 10){\cdot}x_2 - 2$	$U = (x_1 + 2){\cdot}(x_2 + 1) - 2$
S. 123: Aufgabe I.24 a) 2.Zeile	$35 - x = 0{,}05{\cdot}x + 5$	$35 - x = 0{,}5{\cdot}x + 5$
S. 158: Aufgabe IV.15 b) 4.Zeile	9400	19000
S. 161: Aufgabe IV.19 a) 2.Zeile	12000	8000
S. 162: Aufgabe IV.21, 2.Zeile	Engelsche	Einkommen-Konsum-
S. 163: Aufgabe IV.21, 3.Zeile	inferiores Gut	Inferiores Gut ab I_4
S. 179: Aufgabe IV.40, a) 1. Zeile	$v_1^{0,7}$	$v_1^{-0,7}$

Zudem ist auf S. 123, Aufgabe I.24 b) die folgende Lösung korrekt, zumal in der zugehörigen Aufgabe auf der S. 22 nicht explizit gefordert wird, dass nur die Anbieter mit den niedrigsten Kosten die Güter anbieten:

$75 \leq U^{netto} \leq 225$; $KR = 50$; $25 \leq G \leq 175$;

[Nachrichtlich: $U^{brutto} = 300$; $E = 250$; $75 \leq K \leq 225$]

www.ingramcontent.com/pod-product-compliance
Lightning Source LLC
Chambersburg PA
CBHW061812210326
41599CB00034B/6978